Reihe: Moderne–Postmoderne

Band 2: Marc Lutter: Sie kontrollieren alles! – Verschwörungstheorien als Phänomen der Postmoderne und ihre Verbreitung über das Internet

edition fatal

Meinen Eltern

Für Korrekturen, Anregungen, Kritik und tatkräftige Unterstützung danke ich Markus Wiemker, Herbert Bank, Corinna Bank, Michael Johnson, Michael Küppers, Frank Ortmanns und meiner lieben Freundin Cordula.

Marc Lutter

Sie kontrollieren alles!

Verschwörungstheorien als Phänomen der Postmoderne
und ihre Verbreitung über das Internet

edition fatal

»edition fatal« Verlagsgesellschaft bR, München
Gesellschafter: Mario R. M. Beilhack, Anil K. Jain
www.edition-fatal.de, kontakt@edition-fatal.de

Reihe: Moderne–Postmoderne, Band 2
Herausgeber: Anil K. Jain

Marc Lutter: Sie kontrollieren alles! – Verschwörungstheorien als Phänomen der Postmoderne und ihre Verbreitung über das Internet

Originalausgabe, München 2001

Titelbild: Frank Ortmanns

Die Deutsche Bibliothek – CIP-Einheitsaufnahme:

Lutter, Marc: Sie kontrollieren alles! : Verschwörungstheorien als Phänomen der Postmoderne und ihre Verbreitung über das Internet / Marc Lutter. – München : Ed. Fatal, 2001 (Moderne–Postmoderne ; Bd. 2)

ISBN 3-935147-08-2

Herstellung: Books on Demand GmbH

Inhaltsverzeichnis

Inhaltsverzeichnis

1 Die Konjunktur der Verschwörung

1 Die Konjunktur der Verschwörung

»Sie kontrollieren alles!« – so könnte man die Angst auf den Punkt bringen, welche viele der zirkulierenden Verschwörungstheorien zum Ausdruck bringen. »Sie« kann dabei in verschiedenen Verschwörungstheorien ganz unterschiedlich konkretisiert werden: Es kann sich z.B. um Freimaurer oder Illuminaten, Geheimdienste, hochrangige Regierungsmitglieder, Außerirdische oder Kombinationen all dieser handeln. Gemeinsam ist diesen heterogenen Verschwörergruppen, so unterstellen die Verschwörungstheoretiker, ein gewissenloser Drang nach Macht und der Besitz einer Machtfülle, durch welchen sie insgeheim eine Nation oder gar die Menschheit – eben wirklich schon »alles« – kontrollieren.
In einem typischen verschwörungstheoretischen Text heißt es zum Beispiel:

> »Those top players, called the Illuminati or Moriah, on the International playground belong to the thirteen of the wealthiest families in the world, and they are the men who really rule the world from behind the scene. They are the ›Black Nobility‹, the Decision Makers, who make up the rules for presidents and governments to follow and they are always withdrawn from public eyes, as their action can't stand scrutiny [...]
> They own all the International banks, the oil-businesses, the most powerful businesses of industry and trade, they infiltrate politics and they own most governments – or at least control them.« (Quelle 1)

Da Verschwörungstheorien zufolge den Verschwörern jedes Mittel recht ist, um ihre perfiden Ziele zu erreichen, verwundert es nicht, dass hinter scheinbaren Unfällen und Katastrophen, hinter augenscheinlich unzusammenhängenden und zufälligen Ereignissen in Wirklichkeit verschwörerische Absicht steckt:

> »Most of us can agree on that something is very wrong with this planet. Civil wars, diseases, famine, ethnic cleansing, religious wars, different violations of human rights [...] The list is long and it just goes on. Are all those bad conditions totally separated from each other, or do they have a common source?« (Ebd.)

In der verschwörungstheoretischen Logik können so auch die alltäglichsten Dinge zu einem Hinweis auf und Beweis für eine Verschwörung werden. Beispielsweise glaubten einige US-amerikanische Verschwörungstheoretiker aus dem Milieu rechter Bürgermilizen, die verschiedenfarbigen Rückseiten von Fernstraßenschildern seien in Wirklichkeit ein Geheimcode, der den bald eintreffenden Besatzungstruppen der kommenden, konspirativ vorbereiteten Weltregierung Nachrichten übermitteln sollte (vgl. Pipes 1998: 24). In einem anderen Beispiel interpretiert ein Autor, vor dem Hintergrund der Annahme, dass biologische Waffen an der unwissenden Bevölkerung getestet werden, Kondensstreifen am Himmel als Hinweis auf eine Verschwörung:

> »There is a conspiracy, something big is in the making. It is safe to assume that whatever is happening..when it's completed, you and I will be worse off otherwise they would have told us about it and would not have had to resort to conspiring about it.
> I tried to show a few people today the contrails in the sky. Most of them didn't want to look. Why, I can only guess that they sense something is happening but are too scared to really know it. To have witnessed proof and undeniably and consciously know that a conspiracy does exist is a frightening prospect and that is why most people choose to bury their heads in the sand.« (Quelle 2)

Neben solchen Deutungen der Gegenwart und aktueller Geschehnisse verfolgen verschwörungstheoretische Texte in ihren Interpretationen die Machenschaften einer Verschwörung oftmals lange in die Geschichte zurück. Einige Jahrhunderte oder Jahrzehnte umfassende Darstellungen sind nicht unüblich.

Diese erste Beschreibung des Untersuchungsgegenstandes kann, wie die Analyse aufzeigen wird, den vielfältigen Variationen und der Heterogenität von Verschwörungstheorien nicht wirklich gerecht werden. Daher findet sich eine exaktere und detailliertere Charakterisierung und Analyse erst im folgenden. Diese eingehende, analytische Beschäftigung mit Verschwörungstheorien ist sinnvoll, da Verbreitung und Popularität von Verschwörungstheorien in den letzten Jahren deutlich zugenommen haben – Jonathan Vankin (1996: 331) bezeichnet die neunziger Jahre sogar als das Jahrzehnt der Verschwörung. Diese Zunahme ist ablesbar anhand der im Umlauf befindlichen Texte der Populärkultur (Bücher, TV-Serien, Filme) und teilweise sogar anhand der (US-amerikanischen) Politik, lässt sich aber insbesondere in den Computernetzen beobachten. Ich behaupte, diese Welle von Verschwörungstheorien kann als *postmodernes Phänomen* betrachtet werden, d.h. als durch postmoderne Verhältnisse, wie sie von Fredric Jameson, Jean Baudrillard und anderen charakterisiert wurden, begünstigte und diese Verhältnisse ausdrückende Strömung. Wie hier gezeigt werden soll, lässt sich diese Behauptung sowohl an Inhalten und Merkmalen als auch an der Benutzungsweise von Verschwörungstheorien in bestimmten Kontexten demonstrieren. Postmoderne Theorien bieten, mit anderen Worten, einen fruchtbaren Ansatz, um die gegenwärtige Popularität von Verschwörungstheorien zu erklären.

Der Schwerpunkt liegt in vorliegender Untersuchung auf Verschwörungstheorien im Internet, wobei die erwähnten Theorien der Postmoderne eine Reihe von Perspektiven eröffnen, welche Verbindungen hervortreten lassen, zwischen der Motivation, Verschwörungstheorien zu entwickeln, dem Medium Internet und der »condition postmoderne«.[1]

Verschiedene Autoren haben wiederholt beobachtet, dass das Internet stark durch verschwörungstheoretische Inhalte geprägt und zum wichtigsten Medium ihrer Verbreitung geworden ist (vgl. u.a. Rosen 1997; Johnson 1996). Gundolf S. Freyermuth (1998a), zum Beispiel, ist der Meinung: »Verschwörungstheorien blühen erst im Internet richtig auf« (S. 74). Auch Daniel Pipes (1998) vertritt die Ansicht, dass neue »Technologien [...] der Faszination für Verschwörungstheorien Auftrieb gegeben« haben (S. 307).[2] Zudem muss das Internet als wesentlich (wenn auch nicht ausschließlich) für Bildung und Zusammenhalt verschwörungstheoretischer »Gemeinschaften« angesehen werden (vgl. Fenster 1999: S. 183ff.; Freyermuth 1998b). Folglich sind die Computernetze in diesem Zusammenhang doppelt relevant: einerseits als Medium der Verbreitung verschwörungstheoretischer Texte und andererseits in ihrer Funktion als Versammlungsort und Kommunikationsmittel der Verschwörungstheoretiker. Daraus ergibt sich, dass in den elektronischen Netzen erstens vermutlich sehr gut analysierbare, »paradigmatische« Verschwörungstheorien vorgefunden werden können und zweitens eine Untersuchung des Umgangs mit diesen Texten (in gewissen Grenzen) möglich ist. Dementsprechend entstammen die meisten hier herangezogenen und analysierten Beispiele für Verschwörungstheorien dem Internet.

Nach dem folgendem Aufbau geht dieser Text dabei vor: Im nächsten Kapitel werden zunächst die wichtigsten Begriffe definiert und die möglichen Bedeutungen von »Verschwörungstheorie« genauer ab- wie eingegrenzt. Dann werden in einem zweiten Schritt Verbreitung und gegenwärtige Popularität von Verschwörungstheorien durch einige konkrete Beispiele illustriert. Eine nähere Bestimmung der kennzeichnenden inhaltlichen Elemente und weiteren Merkmale von Verschwörungstheorien wird schließlich vorgenommen, bevor eine kurze Zusammenfassung und einige weiterführende Bemerkungen erfolgen.

Das dritte Kapitel nimmt auf der Grundlage einiger postmoderner Diskurse eine qualitative Inhaltsanalyse verschwörungstheoretischer Texte vor. Insbesondere dienen *»Das postmoderne Wissen«* von Jean-François Lyotard, die Theorie Zygmunt Baumans zu Ambivalenz, Kontingenz und Postmoderne, die Medien- und Simulationstheorie von Jean Baudrillard und außerdem Fredric Jamesons kritische Theorie zur postmodernen Kultur als theoretischer Hintergrund. Diese (als bekannt vorausgesetzten und deshalb hier nicht detailliert vorgestellten) postmodernen Diskurse eröffnen, durch ihre Feststellung von Rahmenbedingungen, Merkmalen und Symptomen der Postmoderne, Perspektiven und Fragestellungen, um sich Verschwörungstheorien im Internet zu nähern. Die derart untersuchten und gedeuteten verschwörungstheoretischen Texte sind einem breiten Spektrum von Quellen (Web-Seiten, Newsgroups, Mailing-Listen) entnommen und stammen von einer Vielzahl verschiedener Autoren.
Das abschließende Kapitel fasst die vorhergehenden Analysen zusammen und enthält eine vergleichende Deutung der Ergebnisse. Zudem werden mögliche Erklärungen für die gegenwärtige Popularität von Verschwörungstheorien und ihre weite Verbreitung über das Internet angeboten.

Noch eine Anmerkung zu der hier eingenommenen Haltung gegenüber Verschwörungstheorien sei vorweg geschickt: Einige der sich diesem Gegenstand nähernden Autoren trauen sich zu, den Wahrheitsgehalt einzelner Verschwörungstheorien und mithin die Existenz von Verschwörungen zu beurteilen.[3] Solche Urteile werden von mir nicht versucht – aufgrund der hier vertretenen Ansicht, dass Verschwörungstheorien im Allgemeinen in einer nicht verläßlich auslotbaren Grauzone zwischen Fakt und Fiktion operieren.[4] Außerdem ist das verschwörungstheoretische Deutungsmuster allgemein Thema und nicht, ob einzelne Verschwörungstheorien der Wirklichkeit entsprechen oder nicht. »Nichts wird gewonnen, wenn der endgültige Schein der Wahrheit dieser oder jener verschwörungstheoretischen Hypothese einen überzeugt hat« (Jameson 1995: S. 3).[5] Um jedoch der Vermischung von Wirklichkeit und Imagination in Verschwörungstheorien Rechnung zu tragen, finden im folgenden auch Ausdrücke wie »verschwörungstheoretische Erzählungen« oder »Verschwörungserzählungen« Verwendung. Diese und andere wichtige Begriffe sollen nun erläutert und definiert werden.

2 Verschwörungstheoretische Erzählungen

2 VERSCHWÖRUNGSTHEORETISCHE ERZÄHLUNGEN

Zu Beginn einige Definitionen: »Verschwörung« oder »Konspiration« bezeichnet den heimlichen Plan von mehreren Menschen, von Gruppen oder Organisationen, durch geheim gehaltene Handlungen ein (oder mehrere) Ziel(e) zu erreichen. Die meisten Verschwörungstheorien gehen davon aus, dass es sich dabei um Handlungen illegaler Art handelt. Die zugehörigen Adjektive sind »konspirativ« und »verschwörerisch«, und die sich derart verhaltenden Personen sind »Konspiranten« oder auch »Konspirateure« und »Verschwörer«.

»Verschwörungs«- oder »Konspirationstheorien« sollen allgemein solche Theorien heißen, welche Personen oder Personengruppen als Mitglieder oder aktuelle und unter Umständen auch historische Ereignisse als Ergebnis einer Konspiration oder mehrerer Konspirationen deuten. Denken, das mit diesem Deutungsmuster operiert, nenne ich »Konspirationismus« oder »Konspirations-« und »Verschwörungsdenken«. Das entsprechende Adjektiv soll »konspirationistisch« sein. Personen, die Konspirationsdenken an den Tag legen, nenne ich »Konspirationisten« oder einfach »Verschwörungstheoretiker«.[6]

Im Anschluss an Mark Fenster (1999) werden die hier untersuchten Verschwörungstheorien auch als »Erzählungen« bezeichnet, weil sowohl fiktionale wie nichtfiktionale Verschwörungstheorien die Form einer dramatischen Geschichte annehmen und so die Grenzen zwischen realen und imaginären Gegebenheiten auflösen:[7]

> »The conspiracy narrative circulates in contemporary culture as both historical and fictional narrative. Numerous novels, feature films, and television series include in their fictional conspiracy thrillers real people, places, and events, whereas the explicitly ›historical‹ work of conspiracy theorists typically conjures up unproven, often quite fanciful narratives to explain historical developments [...] In this sense, the conspiracy narrative is a melding of fact and fiction [...]« (S. 106)

Eine genauere Eingrenzung des Untersuchungsgegenstandes ist allerdings notwendig, bevor eine ausführlichere Darstellung und Deutung verschwörungstheoretischer Erzählungen erfolgen kann. Deshalb soll nachfolgend zunächst eine Typisierung, eine Darstellung ihrer Verbreitung und inhaltliche Bestandsanalyse von Verschwörungstheorien wie des Konspirationismus vorgenommen werden:

2.1 GEMÄSSIGTE UND TOTALE VERSCHWÖRUNGSTHEORIEN

Timothy Melley (2000) macht die Feststellung, dass im alltäglichen Sprachgebrauch der Begriff »Verschwörung« nur noch selten eine eingeschränkte, überschaubare Verschwörung weniger Menschen meint:

> »The term ›conspiracy‹ rarely signifies a small, secret plot any more. Instead, it frequently refers to the workings of a large *organization, technology or system* – a powerful and obscure entity so dispersed that it is the antithesis of the traditional conspiracy.« (S. 8)

Es gibt also (mindestens) zwei verschiedene, voneinander abgrenzbare Bedeutungen für »Verschwörung«. Zwei Beispiele sollen helfen, dies zu veranschaulichen: Das erste bezieht sich auf den krankheitsbedingten Rückzug der Kandidatur Rudolph Giulianis um die Position des Senators des Staates New York, wodurch Hillary Clinton zur Favoritin wurde:

> »How convenient for Hillary that at the time Rudy looked like he was going to win that he gets cancer and has to drop out. I wonder if the government, at Hillary's behest, used radiation technology to concentrate radiation on Rudy, thus causing the cell mutations that lead to cancer. Add another one to the Clinton Death List.« (Quelle 3)

Im Vergleich zu dem folgenden Beispiel erscheint das obige sogar als gemäßigt:

> »And what are the goals of the Illuminati? To create a One World Government and a New World Order, with them on top to rule the world into slavery and fascism! This is a very old goal, actually, and to understand it fully, one must realize that this goal isn't of a kind that's supposed to be obtained within one lifetime – it has been a goal of the Centuries.« (Quelle 1)

Diese beiden Beispiele unterscheiden sich in mehrfacher Hinsicht voneinander: Ersteres geht von einer örtlich und zeitlich begrenzten Verschwörung aus, die ein ebenso beschränktes Ziel verfolgt. Der zweite Text geht von einer Verschwörung aus, die weltweit agiert, Jahrhunderte andauert und die Weltherrschaft zum Ziel hat. Es kann also eine Unterscheidung getroffen werden zwischen (lokal und zeitlich) begrenzten und unbegrenzten (umfassenden, universalen, totalen) Verschwörungen. Diese beiden Verschwörungstypen können wiederum Gegenstand von entsprechenden – somit in ihrer Erklärungsreichweite analog begrenzten oder unbegrenzten – Verschwörungstheorien sein. Der letztere Typ wird manchmal auch »Weltverschwörungstheorie« genannt (vgl. Pipes 1998: S. 44f.; Groh 1992: S. 271).

Die *begrenzte Verschwörungstheorie* entwickelt eine differenzierte Sicht der Dinge, wonach Verschwörungen existieren können, diese aber verschiedene Grade historischen Einflusses entfalten. Solche Verschwörungstheorien berücksichtigen auch, dass ein Ereignis unter Umständen durch andere Ursachen als eine Verschwörung (mit)bedingt sein könnte. Die Verschwörer verfolgen nur begrenzte Ziele und verfügen lediglich über limitierte Ressourcen. Oft sind Darstellung und Tonfall dieser Art Verschwörungstheorie relativ sachlich.[8]

Ein emotionaler Tonfall und dogmatische Darstellung sind häufig (aber nicht immer) bei *totalen Konspirationstheorien* zu beobachten, welche Verschwörung als den treibenden Faktor der Geschichte ansehen und zu einem umfassenden Erklärungsmodell erheben (vgl. Pipes auch 1998: S. 76). Entsprechend werden die meisten bzw. alle (vom Verschwörungstheoretiker) als wichtig bewerteten historischen und aktuellen Ereignisse, Zufälle und Veränderungen durch das erfolgreiche Wirken einer Weltverschwörung erklärt. Zudem kann jede Einzelperson, Gruppe oder Organisation als Teil der Verschwörung interpretiert werden.[9]

Den Verschwörern werden also eine sehr weitreichende Macht, nahezu unbegrenzte Mittel und annähernde Allgegenwart unterstellt. Ihnen unterlaufen keine Fehler, außer vielleicht so geringe, dass die Konspiration durch Verschwörungstheoretiker öffentlich gemacht werden konnte. Manche Verschwörungstheorien treiben ihre Interpretation aber sogar noch weiter: Dieser Fehler der Verschwörer könnte ein nur scheinbarer sein und in »Wahrheit« einen besonders perfiden Teil ihres umfassenden Plans darstellen, der den Konspirationstheoretiker zum ungewollten Handlanger der Verschwörer macht.

Ich begreife diese beiden skizzierten Arten von Verschwörungstheorien (siehe auch Tab. 1) als Idealtypen im Sinne Webers.[10] Sie stellen Pole dar, zwischen denen Mischformen/Varianten denkbar (und in konkreten Fällen auch vorfindbar) sind. Eine solche Mischform wäre beispielsweise eine Erzählung, die von mehreren Geheimbünden ausgeht, welche um die Weltkontrolle kämpfen. Bei dieser Ausgangssituation könnte es für jeden Geheimbund Misserfolge geben, wenn der andere Bund seine Pläne durchkreuzt. Hier wäre die generelle Erklärung aller Phänomene durch Verschwörungen (totaler Ansatz) mit

TAB. 1: UNTERSCHIEDE DER TOTALEN UND GEMÄßIGTEN VERSCHWÖRUNGSTHEORIE

Grundannahmen	Totale Verschwörungstheorie	Gemäßigte Verschwörungstheorie
Ausdehnung und Dauer	operiert über lange Zeiträume und weltweit	operiert zeitlich und regional begrenzt
Ressourcen	nahezu unbegrenzt	begrenzt
Erfolgsaussichten	kurz vor finalem Erfolg, Misserfolge selten	mag erfolgreich sein oder auch nicht
heuristischer Wert	universales Erklärungsmodell	bedingt und relativ brauchbar

der Möglichkeit eines Fehlschlags für die Verschwörer (gemäßigter Ansatz) kombiniert. Soweit nicht ausdrücklich anders angegeben, beziehen sich die nachfolgenden Ausführungen auf totale Verschwörungserzählungen.

2.2 POPULARITÄT UND VERBREITUNG

2.2.1 IN DER POLITIK

Durch die moderne Geschichte bis in die Gegenwart hinein lässt sich feststellen, dass Verschwörungstheorien immer wieder als demagogisches und propagandistisches Instrument im Bereich der Politik eingesetzt wurden: So waren antisemitische Weltverschwörungstheorien ein Hauptbestandteil nationalsozialistischer und anderer faschistischer Ideologien. Und ebenso spielten in der Sowjetunion unter Stalin Konspirationstheorien eine Rolle: Dieser vermutete immer wieder gegen seine eigene Person gerichtete Komplotte, und in der Planwirtschaft auftretende Probleme erklärte er mit der Verschwörung konterrevolutionärer Saboteure (vgl. Pipes 1998: S. 49 u. S. 78). In den arabischen Gebieten des Nahen Ostens sind auch heutzutage antisemitische Verschwörungstheorien weit verbreitet und werden oftmals von den Herrschenden sogar gezielt gefördert (vgl. ebd.: S. 93). Für den Fall der Vereinigten Staaten können die antikommunistischen Verschwörungstheorien des McCarthyismus angeführt werden. Auch in den neunziger Jahren propagierten die Präsidentschaftskandidaten Patrick Buchanan und Ross Perot mehr oder weniger offen ihre Weltverschwörungstheorien, was zeigt, dass dieses Deutungsmuster auch aus der Politik westlicher Demokratien nicht vollkommen verschwunden ist (vgl. ebd.: S. 27ff.; Leggewie 1996: S. 122f.). Pipes (1998) nennt eine solche Beeinflussung des politischen Programms einer Regierung, Partei oder Organisationen durch Verschwörungstheorien »operatives Verschwörungsdenken« (S. 52). Diese politisch motivierte Verwendung von Verschwörungstheorien wird in dieser Arbeit nur untergeordnet behandelt. Aber vor dem Hintergrund der wiederholt katastrophalen Folgen operativen Verschwörungsdenkens stellt sich die Frage, ob die in der Einleitung bereits angedeutete steigende Popularität von Verschwörungstheorien in Literatur, populärkulturellen Medientexten und den Computernetzen ähnliches Gefahrenpotential in sich birgt. Ein Punkt, auf den wir später zurückkommen werden.

2.2.2 In der Populärkultur

In den letzten Jahren gab es eine regelrechte Schwemme von populärkulturellen Medientexten, die Theorien über Verschwörungen als Grundmotiv oder wesentliches Element beinhalten. Fernsehserien wie *»Akte X«*, *»Millennium«*, *»Profiler«*, *»Dark Skies«* oder *»First Wave«* und Filme wie *»JFK«* (1991), *»The Shadow Conspiracy«* (1997), *»In the Line of Fire«* (1993) oder *»Fight the Future«* (1998) sind nur einige Beispiele. Fiktionale und nichtfiktionale (eine Unterscheidung, die – wie bereits erwähnt – nicht immer klar getroffen werden kann) Buchpublikationen mit den verschiedensten Konspirationstheorien zu der Ermordung John F. Kennedys, der vermeintlichen Verschleierung eines UFO Absturzes in Roswell, der geheimen Militärbasis »Area 51«, den finsteren Umtrieben von Illuminaten und anderen Geheimbünden und den verbrecherischen Operationen verschiedener (vor allen Dingen US-amerikanischer) Geheimdienste und Regierungen existieren inzwischen in unüberschaubaren Mengen. Aber das »Jahrzehnt der Verschwörung«, wie Jonathan Vankin (1996) die neunziger Jahre nennt, ist nicht denkbar, ohne den Einfluss des Internet zu berücksichtigen:

2.2.3 Im Internet

Seit einigen Jahren finden verstärkt über Inter- und »Usenet« eine Unmenge von verschiedenen Verschwörungstheorien Verbreitung.[11] In »Newsgroups«, wie z.B. *alt.alien.visitors*, *alt.conspiracy*, *alt.illuminati*, *alt.assassination.jfk*, *alt.conspiracy.area51* und *alt.mindcontrol*, diskutieren Konspirationstheoretiker, von ironisch distanzierten Teilnehmern bis hin zu felsenfest Überzeugten, über ihre Lieblingsverschwörungen und über den Einfluss dieser auf historische und aktuelle Geschehnisse.[12] In den Beiträgen und Diskussionen kann fast alles zum Anlass für Verschwörungstheorien geraten, sei es der Unfalltod prominenter Personen, Flugzeugabstürze, die Merkmale des Strichcodes auf Waren oder das Markenzeichen eines Konzerns. Wenn man den Mitteilungen in den einschlägigen Newsgroups glaubt, können sich überall Verschwörungen und dazugehörige Geheimnisse und Vertuschungen verbergen. Dabei bewegen sich die Diskussionen hauptsächlich entlang zweier Achsen: »zwischen Gläubigen und Skeptikern und zwischen den Gläubigen verschiedener Verschwörungstheoretiker« (Fenster 1999: S. 186).[13] Einige kurze Beispiele sollen einen Eindruck vermitteln, wie typische Beiträge aussehen können:

> »People who are aware of the clandestine Luciferian Masonic (CLuM) Conspiracy instituted to help bring about the Empire of the Antichrist, a.k.a. the New World Order, know that geographic latitude and longitude play an important role in Conspiratorial productions. For example, JFK's ritual sacrifice was performed in Dallas, because that city is close to the N. 33 parallel: the 33rd degree is the highest publicly known degree of the Scottish Rite of Masonry.
> In a similar fashion, JFK, Jr., was killed and committed to the waters of the Atlantic close to the intersection of the N. 41 parallel and W. 71 meridian; summing up, 4+1+7+1=13, the most Masonically correct number.« (Quelle 5)

Dieser Verschwörungstheoretiker verbindet immer wiederkehrende verschwörungstheoretische Themen (John F. Kennedys Ermordung, die New World Order und Verdächtigungen gegen Freimaurer) mit einem damals aktuellen Ereignis, nämlich dem Unfalltod von J. F. Kennedy (Jr.). Derselbe Autor unterstellt übrigens in einer anderen Nachricht dem U.S. Postal Service, an der von ihm beschriebenen Verschwörung teilzunehmen, was er an einer neuen Auflage von Briefmarken und ihrem numerologisch bedeutsamen Preis von 33 Cents erkannt haben will (vgl. Quelle 6).

Neben Newsgroups gibt es Mailing-Listen, in denen sich Verschwörungstheoretiker per E-Mail anmelden und anschließend austauschen können, sowie hunderte von Web-Sites, die ihre Leser über geheime Pläne, Organisationen und Hintergründe auf dem Gebiet der Verschwörung informieren.[14] Die immense Quantität von verschwörungstheoretischen Inhalten in den

Computernetzen bedeutet, dass hier eine Intensivierung der Verbreitung und Entwicklung konspirationistischer Ideen stattfindet. Mit dem Internet haben die in den »traditionellen« Massenmedien (TV, Zeitungen) marginalisierten (wenn nicht sogar völlig ausgeblendeten) Verschwörungstheoretiker eine Möglichkeit gefunden, ihre Ideen zu veröffentlichen und untereinander Kontakte zu knüpfen. Wie Freyermuth (1998b: S. 179) bemerkt: »Der Cyberspace ist für die Konspirationsfans am Ende des 20. Jahrhunderts, was am Ende des 19. das Hinterzimmer und das Flugblatt waren: Versammlungsort und Publikationsmittel zugleich.«

2.3 Inhaltliche Elemente und Merkmale

Verschwörungstheoretische Erzählungen sind inhaltlich durch drei Hauptelemente gekennzeichnet. Erstens gibt es in jeder Verschwörungserzählung »eine mächtige, böse und geheime Gruppe« (Pipes 1998: S. 45), die mittels einer Verschwörung nach Welthegemonie strebt. Zweitens kommen häufig Leichtgläubige und Handlanger vor, welche – manchmal unwissentlich – den Einfluss der Verschwörer vergrößern und die Verwirklichung ihrer Pläne vorantreiben. Das dritte immer anzutreffende Kernelement ist der Widerstand in Form einer kleinen Gruppe oder eines einzelnen Verschwörungstheoretikers (vgl. ebd.: S. 45f.).

2.3.1 Die Verschwörer

Grundsätzlich kann festgestellt werden, dass die identifizierten Schuldigen sehr verschiedenartig sind und die Darstellung hier deshalb nicht alle vorkommenden Fälle abdecken kann. Auch lassen sich keine eindeutigen und allgemeingültigen Kriterien feststellen, warum Personen, Gruppen oder Organisationen der Verschwörung beschuldigt werden. Es scheint, dass jede Geheimhaltung und Undurchsichtigkeit, jede wahrgenommene Fremdheit oder Geschichte realer Verschwörungen (wie für Geheimdienste nun mal üblich) sowie jede unterstellte oder reale Macht die Entstehung von Verschwörungstheorien fördern können.
Verschwörungstheorien beweisen damit einerseits inhaltliche Anpassungsfähigkeit, denn je nach historischer Situation und aktuellen Umständen werden gegenwärtige Ereignisse durch neue Verschwörer erklärt. »Der *historische*

Kontext [...] spielt die entscheidende Rolle für Entstehung und Ausformulierung von Verschwörungstheorien in ihrer jeweiligen Gestalt.« (Groh 1992: S. 271) Ein Beispiel dafür ist das Aufkommen von UFOs und Außerirdischen als Teil oder Gegenstand der Verschwörung – ein Topos, der erst mit der Raumfahrt entstanden sein dürfte. Andererseits fällt auf, dass historische Themen und Verschwörer in aktuellen Verschwörungstheorien häufig wieder vorkommen (vgl. Pipes 1998: S. 73). So wurden Illuminaten und Freimaurer schon vor über zwei Jahrhunderten als Verschwörer beschuldigt. Ebenso haben religiös beeinflusste Konspirationstheorien (z.B. Anschuldigungen des Vatikans, Theorien über Bündnisse verschiedener Gruppen mit dem Antichristen usw.) die Jahrhunderte überdauert und spielen vor allem in fundamentalistisch-christlichen Milieus eine Rolle (vgl. Fenster 1999: S. 145ff.).

Aus dem umfangreichen und amorphen »Pool« der Verschwörer können einige der am häufigsten Beschuldigten herausgestellt werden: Hauptsächlich sind es Geheimgesellschaften, Juden, Geheimdienste, Regierungen und nationale oder internationale Organisationen und Institutionen sowie Außerirdische, die als Verschwörer angeführt werden. In konkreten Verschwörungstheorien werden diese verschiedenen Verdächtigen oft vermengt und kombiniert.

Diesen heterogenen Verschwörern wird in Konspirationserzählungen gemeinhin eine große Macht zugeschrieben, die verschiedene Grundlagen haben kann: Geld, überlegene Technologie, Kontrolle über die Massenmedien, manchmal sogar Magie. Weiterhin werden den Verschwörern grundsätzlich die schlimmsten Absichten und der Einsatz ruchloser Mittel unterstellt, weshalb sie ihre Pläne geheim halten. Die Verschwörer sind es, die in Wirklichkeit »hinter« den Ereignissen stecken, so dass der Verschwörungstheoretiker überall Hinweise auf verborgene Aktivitäten, Verbindungen und Bedeutungen vermutet: »Verschwörungen überall: Nichts ist, wie es aussieht, und alles bedeutet etwas anderes.« (Leggewie 1996: S. 116) Diese Sicht führt zu einer interpretativen Praktik, die als Überinterpretation bezeichnet werden kann und die weiter unten noch eingehender beleuchtet werden wird.

2.3.2 Unwissende, Leichgläubige und Handlanger

Die Verschwörer alleine könnten ohne die Hilfe von zahlreichen sympathisierenden Handlangern und getäuschten Leichtgläubigen ihre Pläne nicht verfolgen und verwirklichen. Durch die Handlanger werden die Grenzen der Verschwörung in der Verschwörungserzählung undeutlich und leicht verschiebbar:

> »The dividing line between sympathizers and conspirators is a shifting one and varies according to the requirements of the particular tale being told. While the degree to which one pursues the goals of the conspiracy is significant, in general one may say that a conspirator is an identifiable enemy whereas a sympathizer is an unspecified one.« (Graig 1993)

Wie noch gezeigt werden wird, steht diese erzählerische Konstruktion von Verschwörung als nicht exakt eingrenzbares soziales Gebilde in Verbindung mit der Totalität des Spätkapitalismus im Sinne Jamesons.[15] Auch die zentrale Rolle der Medien in diesem Weltsystem wird in Konspirationstheorien in gewisser Weise zur Kenntnis genommen, denn insbesondere die Massenmedien werden häufig als Helfer der Verschwörung benannt. In einem verschwörungstheoretischen Text heißt es so zum Beispiel zu der Rolle der Medienmacher:

> »Most of the leaders of major newspapers and magazines are members of the organization. Fortunately, you can still get information on the New World Order in alternative press newspapers and magazines.« (Quelle 7)

Und ein anderer Verschwörungstheoretiker bemerkt zum verschwörerischen Zusammenspiel von Politik und Medien:

> »The only people who get elected President of the USA are always puppets of Rockefellers' RIGHT WING Rich Man's Mafia [...] The Conspiracy which today criminally controls all of our major political parties, all of our mass media, has overthrown our government at all levels, etc.« (Quelle 8)

Die Massenmedien helfen also aus der Sicht der Verschwörungstheoretiker überaus erfolgreich dabei, falsche Informationen über die Wirklichkeit zu verbreiten und sind damit konstitutiver Teil des Verschwörungszusammenhangs. Durch Medienmanipulation werde die Bevölkerung insbesondere in einem Zustand des Unwissens und der Passivität gehalten, welcher der Verschwörung natürlich nützt. Dem versuchen die Verschwörungstheoretiker durch ihre Aufklärungsarbeit, ihre Suche nach und Verkündung von Wahrheit abzuhelfen.

2.3.3 Die Verschwörungstheoretiker

Verschwörungstheoretiker porträtieren sich in ihren Theorien oft als Aufklärer und Enthüller mit dem Anspruch, die Wahrheit zu verbreiten. So heißt es etwa in einem Text:

> »I will try to explain what is really happening, not the false data you get when you follow the news on Television or in the papers. I will try to comment important things we're fed with and explain or debate them. All this based on the facts I'm going to give you soon [...] But to understand it all, you have to be briefed on the scene of this planet, the version you were never meant to get – the truth certain people don't want you to know [...]« (Quelle 1)

Manchmal wird diese Aufklärung explizit verbunden mit der Aufforderung, den Verschwörern politisch Widerstand zu leisten. Implizit ist die Idee des Widerstands immer vorhanden, denn durch den bloßen Akt der Wahrheitsoffenbarung wird den Verschwörern der Schutz des Geheimnisses genommen und die Unwissenden und Leichtgläubigen werden aufgerüttelt. Der aufklärerischen Tätigkeit gehen meist eigene Lektüren und Nachforschungen voraus, deren Resultate dann in Form von Texten weitergegeben werden. Diese werden in selbstgemachten Magazinen, über das Internet, als Aufsätze, Artikel, Bücher usw. verbreitet. Sie können auch die Form einer »wissenschaftlichen« Arbeit annehmen, in der hauptsächlich andere konspirationistische Texte penibel zitiert werden (vgl. Pipes 1998: S. 73; Groh 1992: S. 271). Dies nennt Hofstadter etwas abwertend »höhere paranoide Gelehrsamkeit« (Hofstadter 1996: S. 36) und charakterisiert selbige als logisch überkohärent. Jedoch trifft dies auch auf Verschwörungstheorien allgemein zu – womit weitere Merkmale des inhaltlichen (und z.T. formalen) Aufbaus angesprochen sind.

2.3.4 Überinterpretation und Überkohärenz

Wie oben erwähnt, geht der Konspirationstheoretiker davon aus, dass nichts ist, wie es scheint. Überall sieht er Anzeichen einer tieferliegenden Wirklichkeit der Konspiration am Werk und findet versteckte Zusammenhänge. So begreift er die Welt als Zeichen, mehr noch: »Geschichte und Politik dienen als Reservoirs von Zeichen, die nach (Über-) Interpretation verlangen und, für den Interpretierenden, für viel mehr stehen als ihre konventionelle Bedeutung.« (Fenster 1999: S. 78)[16] Dabei nimmt der Konspirationstheoretiker eine Interpretation der Geschichte und seiner gegenwärtigen Umgebung vor, die von vorherrschenden und allgemein akzeptierten Interpretationen und Interpretationsweisen abweicht, d.h. (aus Sicht letzterer) eine Überinterpretation.[17] Umgekehrt betrachtet, problematisieren Verschwörungstheorien vorherrschende Interpretationen und lehnen sie ab.

Einige bei der Überinterpretation, der Auslegung und Verbindung der Zeichen angewendete Grundannahmen führt Pipes (1998: S. 75ff.) an: Es wird angenommen, dass erstens das Ziel der Verschwörer Macht ist, dass zweitens diejenigen die Kontrolle haben, die aus einem Ereignis den größten Vorteil ziehen und dass es drittens keine Zufälle oder Fehler gibt. Auf diese Weise erklären Verschwörungstheorien alle möglichen unverbundenen und kontingenten historischen und gegenwärtigen Ereignisse und Entscheidungen als Hinweis auf eine Verschwörung (und als durch diese bedingt). Dabei kommt eine überkohärente, simplifizierende Interpretation zustande, die »eine strengere Logik und weniger offene Enden als die Realität« aufweist (Pipes 1998: S. 59 und vgl. auch Groh 1992: S. 272). Wie Hofstadter (1996) feststellt, spiegeln sich in der Verschwörungstheorie so die den Verschwörern unterstellten Eigenschaften:

> »In fact, the paranoid mentality is far more coherent than the real world, since it leaves no room for mistakes, failures, or ambiguities [...] it believes that it is up against an enemy who is as infallibly rational as he is totally evil and it seeks to match his imputed total competence with its own, leaving nothing unexplained and comprehending all of reality in one overreaching, consistent theory.« (S. 36f.)

In extremen Fällen kommt es in dem Bestreben, die beschriebene Kohärenz auszuweiten oder aufrechtzuerhalten, zu einem Auftürmen von Verschwörungstheorien: Immer neue Aspekte werden mit mehr Verschwörungen erklärt und fehlende Beweise oder Gegenbeweise als Täuschungsmanöver der Verschwörer und somit als Beweis für die Verschwörung interpretiert (vgl. Pipes 1998: S. 72f.). Wenn derartige logische Schleifen Anwendung finden und alles zum Beweis für eine Verschwörung gerät, wird die betreffende Theorie von innen gesehen, d.h. ohne Einnahme eines theoretischen Metastandpunktes, unwiderlegbar (vgl. Wilson/Hill 1998: 9).

Dies stellt eine Steigerung der bereits konstatierten thematisch bedingten, annähernden Unüberprüfbarkeit verschwörungstheoretischer Behauptungen dar. Durch die Eigenschaft der Unwiderlegbarkeit und Unbeweisbarkeit wird Verschwörungstheorie zu einer Angelegenheit der persönlichen Überzeugung. Sie erhält dabei oft den Status einer quasi-religiösen Überzeugung – verbunden mit dem Glauben an annähernd übernatürliche Kräfte der Verschwörung (vgl. Hofstadter 1996: S. 30; Pipes 1998: S. 47; Popper 1997: S. 495; Groh 1992: S. 273; Melley 2000: S. 8). Mögliche Gründe für diese quasi-religiösen Elemente werden sich im weiteren Verlauf andeuten und im abschließenden Kapitel diskutiert.

2.4 ZUSAMMENFASSUNG UND WEITERFÜHRENDE BEMERKUNGEN

Verschwörungstheorie bzw. Konspirationismus kann also zusammengefasst werden als die Interpretation gegenwärtiger Verhältnisse oder aktueller Ereignisse als durch eine Verschwörung beeinflusst oder bedingt. Sie nimmt unter Umständen Bezug auf historische Begebenheiten, die ebenfalls vor dem Hintergrund einer Verschwörung interpretiert werden (können) und tritt meistens in Form einer durch bestimmte Elemente und Merkmale gekennzeichneten Erzählung auf.

Wie Fenster (1999: S. 110f.) zu Recht urteilt, kann die verschwörungstheoretische Form der erzählerischen Kontextualisierung und kognitiven Totalisierung als mechanistisch charakterisiert werden. Beliebiges kann in die konspirationistische Sicht »übersetzt« werden, alles wird zum Signifikanten, der auf Verschwörung als seinen Gehalt verweist.

Wegen der Eigenschaft von Weltverschwörungstheorien eine große Vielzahl diverser Phänomene in eine (über)kohärente – wenn auch weitgehend unbewiesene – Erklärung zu integrieren und so allen möglichen Ereignissen und Tatsachen einen Sinn und eine Zweckmäßigkeit abzugewinnen, trifft in diesem Zusammenhang meines Erachtens die Charakterisierung als (umfassendes, auf die Lebenswirklichkeit bezogenes) »Deutungsmuster« zu. Als Deutungsmuster werden gemeinhin nämlich jene Annahmen bezeichnet, »mit denen Gruppen […] ihre Lebenswirklichkeit interpretieren« (Fuchs-Heinritz et al. 1994: S. 137). Tatsächlich kommt die Verbindung konspirationistischer Annahmen mit der unmittelbaren Lebenswirklichkeit dadurch klar zum Ausdruck, dass oftmals alltägliche Objekte und Beobachtungen zum Gegenstand konspirationistischer Interpretationen werden. Umgekehrt kann ein gemeinsames verschwörungstheoretisches Deutungsmuster als ein wichtiges Element in der Bildung von Gruppen angesehen werden. So wird denn auch die Ansicht vertreten, dass Zusammenhalt und Bestehen einiger sozialer Gruppen mit der gruppeninternen Zirkulation von Verschwörungstheorien zusammenhängen (vgl. Melley 2000: S. 7).

Ein Fall, wo dieser Mechanismus deutlich zutage tritt, ist die – von Theodore Sasson (1995) untersuchte – mündliche Weitergabe von Verschwörungstheorien unter Afroamerikanern, die eine Verschwörung der Weißen als Ursache von Verbrechen, Drogen und Gewalt in ihrem Stadtviertel annehmen:

> »They [Verschwörungstheorien] continue to flourish because, in contrast to the liberal and conservative accounts that dominate the public discourse, they resonate fully with African American popular wisdom concerning the persistence of racism in the United States. They also enjoy support because their tellings tend to foster in-group solidarity and potentially collective action« (S. 281).

Ein anderer Fall ist die Rolle antisemitischer Verschwörungstheorien für den Zusammenhalt politisch rechtsorientierter Gruppen. Pipes (1998) macht darauf aufmerksam, dass antisemitische Verschwörungstheorien inhaltlich sehr homogen(isierend) sind: »Unterschiede zwischen den Juden werten die Antisemiten als bloß oberflächliche Merkmale« (S. 226). Dementsprechend haben Antisemiten eine gemeinsame Basis von Annahmen, die ihre politische Organisation und Kooperation – Gruppenbildung im weitesten Sinne – fördert (vgl. ebd.).

Auf der anderen Seite lassen sich Verschwörungstheoretiker als sehr individualistisch charakterisieren: Der paradigmatische Theoretiker ist ein Einzelgänger, der seine eigenen Nachforschungen anstellt und der von ihm entdeckten Verschwörung entgegentritt, indem er eine eigene, individuelle Verschwörungserzählung produziert. »Der Verschwörungsforscher ist per definitionem ein Einzelgänger, in ständiger Angst vor der Verunreinigung durch den konspirationistischen Anderen lebend.« (Fenster 1999: S. 180)[18] Entsprechend bleiben viele der zirkulierenden verschwörungstheoretischen Ideen mit den Namen einzelner Theoretiker verbunden, wie z.B. Lyndon LaRouche, David Icke, Mae Brussel, Jim Keith, Jan van Helsing, Danny Casolaro oder Bruce Roberts, um nur einige zu nennen. Wie Vankin (1996) feststellt, hat das Internet die Prominenz einzelner Theoretiker, also das durch solche Konspirationisten gebildete »Star-System« der Verschwörungstheorie allerdings geschwächt. Andererseits wurde es auch geöffnet und ausgeweitet, indem nun jeder, der einen Internetzugang und die entsprechende Motivation besitzt seine eigenen Theorien beitragen kann.

Das Internet hat also die Anzahl der »individualistischen« Verschwörungstheoretiker vervielfacht (bzw. schon vorher existierende Theoretiker sichtbarer werden lassen), denn es lässt sich eine große Menge »selbstgemachter«, über dieses Medium verbreiteter Verschwörungstheorien feststellen. Vor diesem Hintergrund wird Fensters Feststellung verständlich, dass der Begriff »Gemeinschaft« im Zusammenhang mit (solchen) Verschwörungstheoretikern bestenfalls ironisch benutzt werden kann (vgl. 1999: 180f.). Statt eine Gemeinschaft zu bilden, sammeln sich Überzeugte vielmehr in einer Vielzahl loser, heterogener Gruppen, die sich um Ideen verschiedener Verschwörungstheorien herum kristallisieren.

Ich werde später argumentieren, dass das Aufkommen dieser individualistischen Variante von Verschwörungstheorien (im Unterschied zu ihrer operativen und kollektiven Verwendung) vor dem Hintergrund einer Veränderung der globalen gesellschaftlichen Situation plausibel wird, welche als Wandel von der Moderne zur Postmoderne charakterisiert werden kann. Das folgende Kapitel stellt zunächst eine allgemeine interpretative Verbindung zwischen einigen speziellen Theorien zur Postmoderne und dem Themenkomplex Verschwörungstheorie her.

3 »Postmoderne« Deutungen

3 »POSTMODERNE« DEUTUNGEN

In der folgenden Untersuchung wird sich der Konspirationismus zunächst, gedeutet aus der Perspektive des Postmodernismus, als typisch »modernes« Phänomen erweisen. Im weiterem Verlauf wird sich dann allerdings eine alternative Deutungsweise eröffnen, welche im Gegenteil seine »postmodernen« Charakteristika aufzeigt. Neben den Verschwörungstheorien selbst soll das Medium, in dem die hier angeführten Dokumente zirkulieren, Berücksichtigung finden – denn die im globalen Computernetz beobachtbare Intensivierung verschwörungstheoretisch geprägter Kommunikationen eröffnet interessante Perspektiven auf die »condition postmoderne«.

3.1 VERSCHWÖRUNGSTHEORIEN ALS METAERZÄHLUNGEN

Bei der Auseinandersetzung mit dem Konspirationismus fallen schnell gewisse Parallelen zwischen Metaerzählungen im Sinne Lyotards und Verschwörungstheorien ins Auge. Einige Beispiele sollen diese Parallelen verdeutlichen. In Verschwörungstheorien der 1990er Jahre war die »New World Order« bzw. »Neue Weltordnung« (NWO) ein besonders populäres Thema. Der Begriff bezeichnet hier meist eine konspirativ vorbereitete Weltregierung:

> »What exactly is The NWO? Some claim it will be a new, better way to govern [...] Unfortunately, the REAL definition of the NWO is not nearly as pleasant as these meanings. Right now the governments of the world are conspiring. They are not conspiring against each other, but against you and me [...]
> Who's in charge of the New World Order? The people who are already in charge of us. We are controlled by the US government. Unfortunately, the US government like many others is controlled by the Illuminati. The Illuminati is a secret society who have been planning to take over the world for 200 years. It all started May 1, 1776 when Adam Weishaupt (A German professor) started the organization. The purpose of this group was to fund each other in their quest for world domination. Sounds Abstract? Take a look at an American dollar bill. That pyramid with the eye in it, the Illuminati symbol ever since the organization was established. The Illuminati have a major influence on our lives.« (Quelle 7)

Der Verschwörungstheoretiker spielt in seinem Text außerdem auf weitere, in Verschwörungserzählungen wiederholt auftretende Themen an: den Glauben an UFOs (für ihn ein propagandistischer Trick zur Kontrolle der Bevölkerung), die schwarzen, unmarkierten Helikopter, welche über amerikanischen Großstädten beobachtet wurden, und ein geheimes Forschungsprojekt des Militärs (HAARP). Dann verbindet er all dies mit der NWO und versucht eine Prognose der endgültigen Machtübernahme:

> »One of the most common question I get is, ›When is the New World Order going to take effect?‹ I hate to tell people this but the New World Order will take effect most likely on May 1, 1998. I am not certain of this, however a lot of my research concludes that this is the date. 1998 is the year of the triple 666 (number of the beast). On this date the Illuminati organization will be 222 years old, 2+2+2=6 (6 by itself is the number that represents evil). 1998 is the 30th anniversary of the JFK assassination (His assassination was planned by Illuminatists to keep their plans under wraps). This year is also the 30th anniversary of the Illuminati's CLUB OF ROME, which is a group that is planning to kill 90% of Earth's population.« (Ebd.)

Dieses typische Beispiel zeigt, dass Weltverschwörungstheorien Gemeinsamkeiten mit Metanarrationen im Sinne Lyotards aufweisen: *Vergangenheit, Gegenwart und (unmittelbare) Zukunft werden in einem einheitlichen Rahmen in Bezug zueinander gesetzt* – in dieser Konspirationstheorie durch eine seit zwei Jahrhunderten existierende Verschwörung der Illuminaten, welche am 1. Mai 1998 ihre endgültige Verwirklichung finden sollte. Es kommt gelegentlich vor, dass Verschwörungstheorien in ihren Erzählungen über Jahrtausende zurück gehen. Ein extremes Beispiel dafür dürfte das Dokument »*An Illuminati Outline of History*« sein, welches in Form einer tabellarischen Chronik gestaltet ist und die ersten Aktivitäten der Illuminaten auf das Jahr 30 000 vor Christus datiert (vgl. Quelle 10).
Aber diese historisierende Perspektive ist nicht das einzige metanarrative Kennzeichen. Wie in Metaerzählungen werden die unterschiedlichsten Organisationen, Ereignisse, Personen(gruppen), sozialen Veränderungen sowie alltäglichen Objekte zu Mosaikteilen in einer *totalisierenden und vereinheitlichenden* Erzählung. Wie sehr manche Verschwörungstheorien versuchen, eine Art Metazusammenhang, eine große einheitliche Theorie (auch für verschiedene Formen des Wissens) herzustellen, verdeutlicht die Einleitung eines anderen Textes, welche einen Versuch darstellt, eine lange Liste heterogenster Felder erklärend zusammenzufügen und ihre Mysterien umfassend zu deuten: »Christian theology, prophecy, cult research, science, vanguard technology, phenomenology, Einsteinean theory, electromagnetism, aerospace

technology, modern and pre history, myth-tradition and legend, antediluvian societies, ancient artifacts, cryptozoology, biology and genetic sciences, computer sciences, Ufology, Fortean research, parapsychology, conspiraology, missing persons research, human and animal mutilations, anthropology, parapolitical sciences, international economics, secret societies, demonology, advanced astronomy, assassinations, psychic and mental manipulation or control, international conflict« (Quelle 11).

Weiterhin lassen sich im Konspirationismus die für Metaerzählungen kennzeichnenden großen Helden wiedererkennen, die trotz großer Gefahren großen Zielen entgegen streben (vgl. auch Lyotard 1999: S. 14). Die Verschwörungstheoretiker selbst sind durch ihre Enthüllungen »Helden der Aufklärung« und ihre warnende Stimme dient der Sache der Freiheit. Viele Verschwörungstheoretiker beschreiben ihre angeblich gefahrenvollen Forschungen nach der (unglaublichen) Wahrheit den auch überaus heroisch und pathetisch:

> »At one time I thought it was all a big hoax. It was my belief that the NWO was made up by a small group of people who hated the government and had to make up conspiracies to gain support [...]
> I still thought there was no conspiracy so I started doing research to prove once and for all that there was no such thing as the New World Order. As I started researching I wasn't able to find real proof that there was no New World Order, however I started to see evidence of a conspiracy. When I looked farther into the matter, I had a chill run down my spine when I realized this was no joke. The New World Order was real.« (Quelle 7)

Schon das Aussprechen und Verbreiten der Verschwörungstheorie dient der Abwendung der großen Gefahr, welche von der Verschwörung ausgeht.[19] Entsprechend ist das (manchmal implizite) große Ziel die Befreiung von den Verschwörern, das Vereiteln ihrer Pläne. Dem wird zum Teil durch emotionale, pathetische Aufforderungen Nachdruck verliehen:

> »FREEDOM FIGHTERS: Spreading the TRUTH to everyone is the very first step in the fight to free us!« (Quelle 8)

Die positive Seite der Befreiung von den Verschwörern ist die Errichtung einer gerechten sozialen Ordnung – ein Ziel, das allerdings selten so explizit wie im folgenden Beispiel formuliert wird:

> »I believe that through our combined efforts, we can progress from a society in which an elite uses the shield of secrecy to abet their plans of darkness, into a new digital age which will breath new life into our Republic, transforming it into a free and open society where everyone has equal access to all information, the quintessential tap root of power.« (Quelle 21)

Anhand der aufgeführten Beispiele wurde meines Erachtens deutlich, dass das verschwörungstheoretische Deutungsmuster gewisse Merkmale mit Metanarrationen im Sinne Lyotards gemeinsam hat (vgl. so auch Melley 2000: S. 8). Als Variante von Metaerzählungen erscheinen Verschwörungstheorien in diesem Sinne also eher als typisch modernes, denn als postmodernes Phänomen.

3.2 Kontingenz und Ambivalenz in Verschwörungstheorien

Vor dem Hintergrund von Zygmunt Baumans Theorie zu Kontingenz und Ambivalenz in Moderne und Postmoderne möchte ich drei weitere Argumente für die Deutung anführen, dass Verschwörungstheorien ein typisch modernes Phänomen darstellen: Erstens die zeitliche Koinzidenz der Entstehung des konspirationistischen Deutungsmusters mit der Aufklärungsbewegung, zweitens die Konstruktion von Eindeutigkeit und unbedingter Kausalität in verschwörungstheoretischen Erzählungen sowie drittens ihre häufige Verwendung »binärer«, dualistischer Oppositionen. (Weiter unten wird dann jedoch, ebenfalls im Rekurs auf Baumans Ansatz, das Phänomen der Verschwörungstheorie als »postmodern« gedeutet.)

3.2.1 Negierung von Ambivalenz und Kontingenz im Konspirationismus

Das bis in die Gegenwart dominante verschwörungstheoretische Deutungsmusters entstand, Daniel Pipes (1998: S. 110ff.) zufolge, zur Zeit der Französischen Revolution – also, nach Baumans Periodisierung (vgl. 1992: S. 348), mit dem kulturellen Projekt der Moderne selbst. Einzelne Elemente des geheimbundfeindlichen und antisemitischen Denkens (den beiden Formen des Konspirationismus, mit denen Pipes sich auseinandersetzt) entstanden zwar schon zur Zeit der Kreuzzüge, diese Elemente wurden aber erst nach der Französischen Revolution zu einem tatsächlich konspirationistischen

Muster ausgebaut und »systematisiert«, insbesondere in den einflussreichen Büchern »*Proofs of a Conspiracy*« von John Robison (1797) und »*Mémoires pour servir à l'histoire du Jacobinisme*« von Abbé Barruel (1797/98). Beide Autoren waren Gegner der Französische Revolution (vgl. Pipes 1998: S. 111ff.).[20]

Schon diese Umstände der Entstehung deuten meines Erachtens auf eine enge Verbindung zwischen der Moderne und Verschwörungstheorien hin, in der Form, dass die Revolution für viele Menschen ein »Schock« der Ambivalenz und Kontingenz darstellte, der »weltanschaulich« ausgeglichen werden musste. Einen derartigen Ausgleich bieten Verschwörungstheorien, indem ihre Erzählungen Kontingenz und Ambivalenz der Geschichte und Gegenwart verdrängen und tilgen. Dieses Argument ist zumindest gültig, solange man einzelne Verschwörungstheorien isoliert betrachtet. Hier ein Beispiel:

> »The creation of the AIDS virus by the WHO was not just a diabolical scientific exercise that got out of hand. It was a cold-blooded successful attempt to create a killer virus which was then used in a successful experiment in Africa [...] It was not an accident, it was deliberate.« (Quelle 12)

Sei es also, wie oben, die Herkunft von Aids, der Unfalltod von Princess Diana, der Absturz des Flugs TWA 800, Arbeitslosigkeit oder der Crash der Börsen etc., für alle möglichen Unglücke und Übel existieren Verschwörungstheorien, die im Grunde genommen Kontingenz für nichtexistent erklären (vgl. auch Pipes 1998: S. 77). Die Verschwörungstheorie reduziert kontingente, komplexe, multikausale und multifinale Prozesse zu einer nur scheinbaren Komplexität, der ein einfacher Plan der Verschwörer zugrunde liegt.

Eine weitere Vereinfachung entsteht in konspirationistischen Texten häufig durch binäre Oppositionen, denn in vielen Fällen wird die Erzählung mittels Gegensätzen wie Schein/Wirklichkeit, Gut/Böse, Widerstand/Verschwörer Freund/Feind oder Wir/Sie etc. strukturiert. So heißt es in einem Text:

> »*They* are full blown psychos and are equipped with technology that would enable *them* to drive any human totally psycho – if he/she was not aware that they are aliens and possessed such characteristics.« (Quelle 13)

Wie Bauman (1992) betont, kann der Glaube an klare Einteilungen der Welt mit Hilfe sich gegenseitig ausschließender, binärer Gegensätze als typisch für die moderne Geisteshaltung angesehen werden: »Die typisch moderne Praxis, die Substanz moderner Politik, des modernen Intellekts, des modernen Lebens, ist die Anstrengung, Ambivalenzen auszulöschen« (ebd.: S. 20f.). Verschwörungstheorien könnten also demgemäß als Teil des von Bauman geschilderten Projekts der Moderne, das durch den Kampf gegen Ambivalenz und Kontingenz gekennzeichnet war, interpretiert werden. Diese Deutung des Konspirationismus wird gestützt durch die vorübergehende gesellschaftliche Dominanz von antisemitischen Verschwörungstheorien, welche mit Nationalsozialismus und anderen faschistischen Bewegungen Europas einherging – für Bauman ein Höhepunkt in der Umsetzung moderner Vorstellungen von Ordnung und Eindeutigkeit (vgl. ebd.: S. 45f.).

3.2.2 UMGEKEHRTE LESARTEN: ZWEIFEL AN DER EINDEUTIGKEIT UND MOMENTE DES EXPRESSIVISMUS

Auch eine andere, entgegengesetzte Lesart ist jedoch – ebenfalls im Anschluß an Bauman – möglich, derzufolge der Konspirationismus als »postmodernes« Phänomen gedeutet werden kann. Erstens funktionieren Konspirationstheorien als postmoderner Zweifel in (und an) der Moderne. Zweitens lässt sich die Benutzung von Verschwörungstheorien als Mittel des Ausdrucks und der Erschaffung individueller Identität und damit eines postmodernen Expressivismus nachweisen.

Erweitert man den Blickwinkel also auf den sozialen Kontext der Moderne, in dem Verschwörungstheorien gebildet werden und zirkulieren, dann stellt sich die Frage nach dem Status des konspirationistischen »Wissens« neu. Abgesehen von einigen relativ kurzen Zeiträumen, war das verschwörungstheoretische Deutungsmuster in der Moderne nicht das dominante, d.h. allgemein akzeptierte Deutungsmuster. Viel breiter akzeptiert waren die von Lyotard beschriebenen Metaerzählungen und – nach Bauman (1992: S. 283) – der Glaube an *eine* Wahrheit. In diesem Kontext betrachtet, stellen Verschwörungstheorien ein alternatives »Wissen« dar, das Zweifel an den dominanten Erklärungen und Legitimationen, an allgemein akzeptierten Wahrheiten ausdrückt: »Verschwörungstheorie geht hervor aus dem radikalen Zweifel daran, wie Wissen produziert wird und an der Autorität jener, die es produzieren.« (Melley 2000: S. 13)[21] Mit anderen Worten, Verschwörungstheorie entwickelt sich aus einer Ablehnung, fremdbestimmte Interpretationen und Definitionen der Geschehnisse anzunehmen.

Die einleitenden Worte der Webseite *Illuminati-News* drücken diesen Zweifel folgendermaßen aus:

> »All I ask from you is to think for yourself. Throw away everything ›you've been told‹, things ›you've learnt in school‹, what you've ›heard on the radio‹, what you've ›seen on Television‹, what ›politicians have told you‹ etceteras – just for a moment. Let's start thinking for ourselves for just awhile. It's not too often we do have that opportunity. We are constantly fed with propaganda, bad news, opinions, lies and there are tons of untold secrets.« (Quelle 1)

Konspirationserzählungen können also als eine Ausprägung des von Bauman definierten postmodernen Zweifels identifiziert werden. Der moderne Zweifel führt bisher Unerklärtes in der Annahme an, dass es eindeutig erklärt werden kann. Die Autorität des einen Wissens und der einen Wahrheit wird dadurch nicht untergraben, im Gegenteil, diese Art Zweifel stärkt im Endeffekt den Glauben an die Möglichkeit eines lückenlosen, wahren Wissens. Der andere Typus Zweifel hingegen, der postmoderne Zweifel, bestreitet die Autorität jedes Wissens, das einzige wahre Wissen zu sein. Jedes Wissen wird als eine von vielen möglichen Erzählungen oder Geschichten von Ereignissen angesehen, und keine einzelne Geschichte kann als die beste gelten »oder zumindest nicht die einzige, die das Recht in Anspruch nehmen kann, als ›besser überprüft‹ angesehen zu werden« (Bauman 1992: S. 290). Diese Art des Zweifels entblößt also deutlich die Relativität, Kontingenz und Pluralität von Wissen. Bauman illustriert den postmodernen Zweifel, nebenbei erwähnt, mit einer (fiktionalen) Verschwörungstheorie (vgl. ebd.: S. 294).

Wendet man den Blick von der Moderne zur Postmoderne, verändert sich der Stellenwert des postmodernen Zweifels: Im Kontext der Postmoderne verliert der postmoderne Zweifel seine subversive Kraft, die er nur durch die moderne Mentalität erlangte. Die postmoderne Akzeptanz vielfältiger Wissensformen und Wahrheiten verwandelt die ehemals alternative und zersetzende Erzählung der Verschwörungstheorie in nur eine unter vielen anderen Erzählungen (vgl. auch ebd.: 297f.).[22] Mit anderen Worten: Konspirationismus wird eins unter vielen Sinnangeboten, zwischen denen Individuen in der Postmoderne wählen können, um sich eine Identität zu erschaffen und das Fehlen von traditionellen und modernen Gewissheiten individuell auszugleichen.

Identität und Lebensführung wird in der Postmoderne allgemein zu einer Sache der individuellen Wahl, was John R. Gibbins und Bo Reimer (1999) mit dem Terminus »Expressivismus« bezeichnen: Der Zerfall moderner Bezüge und Gewissheiten macht gleichzeitig hierüber definierte Identitäten unmöglich. An die Stelle der modernen, festgelegten Identität treten der Ausdruck und die eklektizistische Konstruktion der eigenen Identität mit Hilfe von unzähligen Medien, den über sie verbreiteten Texten sowie der Wahlverwandtschaft mit ähnlich interessierten Menschen – eine Praxis und Einstellung, die als »expressiv« bezeichnet werden kann. Das expressive Selbst sehen Gibbins und Reimer als die vorherrschende Form des Selbst in der Nachmoderne an (vgl. Gibbins/Reimer 1999: 57ff.).[23]

Ich glaube, dass in der Postmoderne (neben dem operativen) ein expressives Verschwörungsdenken beobachtet werden kann, also eine individuelle Spezialisierung auf Konspirationismus zum Zweck der Konstruktion und des Ausdrucks der eigenen Identität. Welche Formen würde eine expressive Verwendung von Verschwörungstheorien annehmen, wenn sie denn existiert, und wie kann sie nachgewiesen werden? Während innerhalb einer politischen Gruppierung das operative Verschwörungsdenken durch seine politische Zweckgebundenheit (z.B. die Benennung eines gemeinsamen Feindes) zwangsläufig homogen bleiben muss, ist zu erwarten, dass ein expressives Verschwörungsdenken sehr heterogen und individualistisch sein müsste. Im Folgenden versuche ich, ein solches Verschwörungsdenken aufzuzeigen, wobei eine Betrachtung von Verschwörungstheorien (und -theoretikern) im Internet sich an dieser Stelle anbietet, weil hier konspirationistische Texte nicht nur Verbreitung finden, sondern auch der Umgang mit diesen Texten – in gewissen Grenzen – untersucht werden kann. Es kann zum Beispiel geprüft werden, ob die Texte kommentiert und bewertet werden, ob sie verschieden gestaltet und präsentiert werden, ob sich an ihnen Kreativität und die Verarbeitung eigener Ideen demonstrieren lassen oder ob sie in bestimmte Kontexte gesetzt werden, die eine individuelle Spezialisierung verraten könnten.

Allgemein kann festgestellt werden, dass auch im Internet operative Verschwörungstheorien existieren, die gegen eine expressive Praktik sprechen. Aber die operative Ausprägung ist meiner Beobachtung nach nicht dominierend. Die Untersuchung konspirationistischer Mitteilungen in einschlägigen Newsgroups sowie der Texte entsprechender Web-Seiten zeigt, dass von verschiedenen Personen verfasste Verschwörungstheorien in den weitaus meisten Fällen voneinander abweichen – hinsichtlich der Details, der behaupteten Zusammenhänge und enthüllten Geheimnisse.[24] Dies muss noch nicht für eine expressive Praktik sprechen; die Abweichung aller Verschwö-

rungstheorien voneinander wurde schon von Sasson (1995) für unter Afroamerikanern mündlich weitergegebene Konspirationstheorien festgestellt und könnte auf die allgemeine Ungenauigkeit und (relative) Beliebigkeit dieses Deutungsmusters zurückgeführt werden. Stimmt dies, dann wäre die angesprochene Variabilität nicht intendiert und folgte, sozusagen zwangsläufig, aus den Merkmalen des konspirationistischen Deutungsmusters.
Dieser Annahme steht die beobachtbare Kreativität der Verschwörungstheoretiker und ihr Erschaffen individueller Verschwörungstheorien gegenüber, die im Gegenteil auf das Vorhandensein einer intentionalen Praxis hinweisen. Mit letzterem Ausdruck meine ich einen bewussten und beabsichtigen Umgang mit dem verschwörungstheoretischen Deutungsmuster, der also der oben angeführten, sozusagen »unbewusst« produzierten Variabilität der Inhalte widerspricht.
Eine intentionale Praxis lässt sich demonstrieren: Viele der kursierenden Verschwörungstheorien stellen ein kreatives Patchwork aus verschiedenen, immer wiederkehrenden konspirationistischen Themen dar. Auch die Darstellungsform drückt oft die Kreativität der jeweiligen Autoren aus, etwa wenn Theorien in Versform veröffentlicht werden oder sich auf einer Webseite als konspirationistische Haikus oder Gedichte finden.[25] Noch deutlicher wird die expressive Benutzung von Verschwörungstheorien in Fällen, in denen jemand, manchmal basierend auf eigenen Nachforschungen, eine eigene Theorie entwickelt, die völlig neue Ideen enthält: Eins von vielen Beispielen wäre etwa Mark Chan, im Juni 2000 regelmäßiger Teilnehmer in »alt.conpiracy«, der in diesem Forum wiederholt seine Theorien über TSOG verbreitet hat (vgl. Quelle 14).[26] Zu den kreativen Darstellungsformen und Verknüpfungen konspirationistischer Allgemeinplätze sowie der Erschaffung ganz neuer Verschwörungstheorien kommen aufwendig gestaltete, textreiche Web-Seiten und regelmäßig (on- wie off-line) erscheinende Amateur-Magazine (sog. »Zines«) hinzu, die eine individuelle Spezialisierung auf Verschwörungstheorien signalisieren.[27]
Baumans Ausführungen zu Moderne und Postmoderne (sowie die von mir damit verbundene Idee des Expressivismus) eröffnen also Argumente für zwei verschiedene Sichtweisen: sowohl für die Deutung von Verschwörungstheorien als typisch modernes wie auch für ihre Interpretation als typisch postmodernes Phänomen. Das stellt, wie Bauman sicherlich argumentieren würde, keinen Widerspruch dar. Gerade aufgrund der Koexistenz moderner und postmoderner Merkmale und Praktiken können Verschwörungstheorien als postmodernes (Moderne-)Phänomen angesehen werden.

An dieser Stelle soll die Diskussion von Verschwörungstheorien vor dem Hintergrund von Baumans Theorie deshalb ein vorläufiges Ende finden. Eine weiterführende und globalere Diskussion von Verschwörungstheorien im Internet eröffnet Baudrillards Ansatz.

3.3 VERSCHWÖRUNGSTHEORIEN UND SIMULATION: INTERPRETATIONSSCHWINDEL

> »Did Lee Harvey Oswald act alone in shooting Pres. John F. Kennedy on Nov. 22, 1963, or did he conspire with others? Was he serving as an agent of Cuba's Fidel Castro, himself the target of American assassins? Or in squeezing the trigger of his carbine was he undertaking some super ›dirty trick‹ for a CIA anxious to rid itself of a president whose faith in the ›company‹ had evaporated in the wake of the Bay of Pigs fiasco? Or was he representing a group of Cuban exiles, the Teamsters Union, the Mafia? Indeed, was it Lee Harvey Oswald at all who killed JFK? Or was there a double impersonating Oswald?« (Quelle 15)

Die obige Reihe von Fragen aus einem konspirationistischen Text, die gleichzeitig eine Zusammenfassung gängiger Konspirationstheorien zu dem Attentat auf John F. Kennedy darstellt, verdeutlicht, worum es Verschwörungstheorien allgemein geht: um die Suche nach Wahrheit, die tatsächlichen Hintergründe und Zusammenhänge. Aber hat diese Suche in einer zunehmend medienvermittelten Wirklichkeit und medienbeeinflussten Gesellschaft überhaupt eine Aussicht auf Erfolg? Akzeptiert man Baudrillards Theorien zur Simulation, muss diese Frage verneint werden.
Baudrillard analysiert in seiner Theorie historische Veränderungen in der Beziehung von Repräsentation (Zeichen, Bilder) und Realität. Unter anderem das Aufkommen und die fortschreitende Verbreitung der Kommunikations- und Informationstechnologien (vor allem Fernsehen und Computer) bringen für Baudrillard »die Ära der Simulation und damit die heutige (postmoderne) Kultur« hervor (Winter 1995: S. 30). In der Simulation findet »die Umkehrung und der Tod jeder Referenz« statt (Baudrillard 1978: S. 14). Es gibt nur noch einen Austausch der Zeichen und Zeichensysteme (Codes) untereinander. Jede Referenz wird umgekehrt, insofern (prä-simulative) Realität verschwindet und statt dessen eine qualitativ verschiedene Realität entsteht, die durch ihr vorhergehende Codes oder Modelle der Simulation als ihrem generativen Kern beherrscht und organisiert wird (vgl. ders. 1993: S. 56): »Die entschei-

dende Dimension der Simulation ist die genetische Verkleinerung. Die Produktion des Realen basiert auf verkleinerten Zellen, Matritzen (sic!) und Erinnerungen, auf Befehlsmodellen – ausgehend davon läßt es sich unzählige Male reproduzieren.« (Ders. 1978: S. 8f.)
Ob Körper, Verhalten, soziale Prozesse, Arbeit, Sexualität oder die urbane Umgebung, alles wird als operationale Variable in Modelle integriert, jede Tatsache kann zur Schachfigur des Codes werden (vgl. Kellner 1985: S. 62; Baudrillard 1993: S. 14). Weil so alles zum Teil der Modelle, zum Zeichen in Zeichensystemen wird, findet die Referenz – um das obige Zitat aufzugreifen – ihren Tod. Die von Modellen strukturierte und geordnete Realität ist also immer bereits reproduzierte Realität – in Baudrillards Terminologie ist sie »hyperreal« (vgl. ebd.: S. 73; ders. 1978: S. 8). Hyperrealität ist dadurch gekennzeichnet, dass sie die »gesamte traditionelle Form der Kausalität« in Frage stellt (ebd.: S. 49) und vorher getrennte Pole, wie z.B. die Unterscheidungen Imaginär/Real, Ursache/Wirkung, Zweck/Mittel, Aktiv/Passiv, zusammenfallen und unentwirrbar werden – sie implodieren ineinander. Es wird unmöglich, reale und simulierte Prozesse eindeutig voneinander zu isolieren und damit ebenso unmöglich, diskursiv eine Wahrheit festzustellen, weil nicht klar ist, welches Simulationsmodell die jeweiligen Tatsachen determiniert.
Bei Baudrillard findet sich übrigens eine Passage, die in ihrer Auflistung von Möglichkeiten der eingangs zitierten Verschwörungstheorie frappierend ähnelt:

> »Handelt es sich bei den Sprengstoffanschlägen in Italien um Taten linker Extremisten oder um eine Provokation der extremen Rechten oder um eine von der Mitte ausgehende Inszenierung mit der Absicht, alle Extremisten in Verruf zu bringen, um damit die eigene angeschlagene Macht wiederzuerlangen, oder handelt es sich um ein Scenario der Polizei und um eine Erpressung der öffentlichen Sicherheit?« (Ebd.: 30)

Jede *einzelne* der hier genannten Möglichkeiten, kann als Versuch verstanden werden, eine Wahrheit festzustellen. Diese (verschwörungstheoretischen) Versuche bleiben jedoch einer modernen Vorstellung von Wahrheit verhaftet, einer »Theologie der Wahrheit und des Geheimnisses« (ebd.: S. 15), welche eine Äquivalenz von Zeichen und Wirklichkeit als Ausgangspunkt der Repräsentation annimmt. Dieses Äquivalenzprinzip entfällt jedoch in der Ordnung der Simulation, es hat ein Übergang stattgefunden von der Sphäre repräsentativen Sinns »zur genetischen Sphäre des programmierten Signals«

(ebd.: S. 49). Die Suche nach eindeutiger Wahrheit ist in der postmodernen Mediengesellschaft zum Scheitern verurteilt, denn die von Baudrillard skizzierte Situation »läßt in jedem Fall Raum für alle möglichen Interpretationen, selbst für die widersprüchlichsten« (ebd.: S. 31).
Betrachtet man jedoch die Auflistung der angeführten Möglichkeiten *insgesamt*, erschließt sich eine andere Perspektive: Gerade der Umstand, dass zu einer einzelnen Tatsache vielfältige Interpretationsversionen nebeneinander stehen, dass, konkreter gesagt, für einzelne Ereignisse und Umstände dutzende Verschwörungstheorien existieren, lässt die von Baudrillard beschriebenen Verhältnisse als »ein von der Simulation verdorbenes Feld« (ebd.: S. 30) zum Vorschein treten. In der Hyperrealität kehren sich, wie Baudrillard behauptet, alle Manipulationshypothesen kreiselartig endlos um, und dieser Kreislauf kann nur willkürlich gestoppt werden. Weil sich, anders ausgedrückt, jede Determinierung, lineare Kontinuität und dialektische Polarität verflüchtigt haben, lässt sich diskursiv keine Wahrheit mehr feststellen. Statt dessen löst in einem »Interpretationsschwindel« eine Deutung die nächste ab, und jede ist gleich wahr bzw. falsch (vgl. ebd.). Die »Unmöglichkeit einer bestimmten Position« (ebd.: S. 32) gilt aber nicht nur für alle Diskurse, sondern auch für die Macht selbst, die auf der Beherrschung einer referenziellen Realität basiert, welche jedoch von der Hyperrealität »verschluckt« wird. Letzterer Punkt ist relevant, weil Verschwörungstheorien als Theorien der Macht gelesen werden können (vgl. so Fenster 1999: S. XIV). So verstanden, verkörpern sie nicht nur als *ein* Diskurs die Positionslosigkeit aller Diskurse, sondern spiegeln auch die Bezugslosigkeit der Macht wider.
Dies wird meines Erachtens nirgendwo so deutlich wie bei den im Internet verbreiteten Verschwörungstheorien: Betrachtet man die Menge der »dort« zirkulierenden Verschwörungstheorien, die zur Erklärung von bestimmten Ereignissen gebildet werden, drängen die Theorien sich förmlich als bereits nahezu endlos umgekehrte Manipulationshypothesen auf, welche somit die von Baudrillard konstatierten Verhältnisse *ausdrücken und verkörpern*. Sie drängen sich auf, weil in Newsgroups und Mailing-Listen Verschwörungstheorien häufig kontrovers diskutiert und so eine Vielzahl möglicher Manipulationshypothesen »durchgespielt« werden. Und sie drängen sich außerdem auf, weil sich auf Web-Seiten häufig Unmengen verschiedener Konspirationstheorien zu einem Thema nebeneinander finden. Wenn die entsprechenden Dokumente nicht ohnehin auf einer »Web-Site« gesammelt wurden, so sind sie oft durch Hyperlinks miteinander verbunden, was zum Querlesen und Vergleichen der Interpretationen einlädt (vgl. auch ebd.: S. 184).

An dieser Stelle sei ein weiteres Beispiel für den verschwörungstheoretischen »Interpretationsschwindel« im Internet angeführt, diesmal den Tod von Prinzessin Diana betreffend – wie oben in Form von Fragen zusammengefasst: Wurde sie im Auftrag der britischen Königsfamilie getötet, weil die Heirat mit Dodi Al-Fayed unerwünschte Folgen für den königlichen Stammbaum gezeitigt hätte (vgl. Kader 1997)? Steckt die Rüstungsindustrie dahinter, die sich für Dianas Engagement bei der Ächtung von Landminen rächen wollte (vgl. Quelle 16)? War es eine Rache für den Imageschaden, den sie der Monarchie zugefügt hatte (vgl. ebd.)? Hat Diana ihren eigenen Tod inszeniert, um der Verfolgung durch die Medien zu entkommen (vgl. Quelle 17)? Hat eine Untergruppe des Geheimdienstes »MI6« ihren Tod aus esoterischen Gründen an einer heidnischen Opferstätte (Pont de l'Alma) arrangiert, um den Grundstein einer neuen, von Agenten kontrollierten Religion zu legen (vgl. Quelle 18)?

Die angeführten Beispiele zeigen, wie in verschwörungshteoretischen Erzählungen die den Tatsachen zugrundeliegenden Absichten und Zwecke, die Ereigniszusammenhänge sich ständig verschieben und im Grunde genommen *unfixierbar* bleiben. Darin liegt (in meiner Interpretation) ein konkreter Ausdruck der Konsequenzen der Simulationsära, in der alles zum simulativen Zeichen seiner selbst geworden ist, das auf keine referentielle Realität mehr verweist. Verschwörungstheorien werden dabei zu Modellen unter anderen Modellen, in welche die »winzigen Tatsachen« eingebunden und platziert werden.[28]

Die Interpretation der Verschwörungstheorien als Modelle der Simulation kann aber auch folgendermaßen nochmals näher verdeutlicht werden: Die Vorbedingung für die Simulation ist die Verwandlung der kompletten Umwelt in Zeichen. Und genau das vollbringen Verschwörungstheorien – zumindest aus der Perspektive des Konspirationstheoretikers. Verschwörungserzählungen bilden einen Interpretationsrahmen, in dem von einem bereits gefassten Urteil (nämlich: Es gibt eine Verschwörung) zum Sammeln von Hinweisen übergegangen wird: »Die Schlussfolgerung kommt mit dem Theoretiker zu den Beweisen.« (Fenster 1999: S. 87)[29] So kann alles in die konspirationistische Deutung aufgenommen werden und in einer reflexartigen Interpretation einen Bezug zur Verschwörung gewinnen. Wenn so z.B. angenommen wird, der amerikanische Präsident sei Kopf einer Verschwörung, erhält jede seiner Handlungen (und Unterlassungen) und alles, was er sagt, einen Bezug dazu (vgl. ebd.: S. 77f.). Sein Verhalten wird zu einer Menge von Zeichen im verschwörungstheoretischen Interpretationsrahmen, welcher der Wirklichkeit vorgelagert ist. Auch der Verschwörungstheoretiker selbst kann in diesem »Interpretationsschwindel« in einer unerwarteten Weise Bestandteil seiner eigenen Theorie werden, zu einem zu interpretierenden Zeichen seiner Erzählung – nämlich wenn (Selbst-)Zweifel dergestalt aufkommen, ob nicht seine Theorie selbst Teil der Verschwörung: somit ihr Zeichen ist. Diese Art Zweifel ist real eher selten anzutreffen, stellt aber ein verbreitetes Thema fiktionaler Verschwörungstheorien in Literatur und Film dar.[30]

Ein weiterer Aspekt in Verbindung mit Baudrillards Theorie betrifft das Handeln auf der Grundlage von Verschwörungstheorien. Wenn eine Situation als real definiert wird, hat dies im sozialen Handeln – wie das grundlegende Thomas-Theorem feststellt – auch reale Konsequenzen (vgl. Fuchs-Heinritz 1994: S. 680). Nicht selten kommen so Gruppen zustande, die Züge einer Gegenverschwörung zeigen. Als Beispiele lassen sich die rechten Milizen in den USA anführen, die sich auf den bewaffneten Widerstand gegen die jederzeit erwartete NWO (New World Order) vorbereiten (vgl. Pipes 1998: S. 25f.).[31] Eine Verschwörungstheorie kann, mit anderen Worten, eine veränderte soziale Wirklichkeit als nicht-intendierte ontologische Nebenwirkung produzieren (vgl. McHale 1992: 173).

Der von McHale (1992) in einem anderen Zusammenhang benutzte Ausdruck »ontological pluralizer« (S. 180) läßt sich auf Modelle der Simulation im Allgemeinen, wie auch auf Verschwörungstheorien im Speziellen anwenden: Verschwörungstheorien *können* als Blaupause der Realitätsproduktion funktionieren – genau wie (Hyper-) Reales durch Modelle der Simulation produziert wird.[32] Sowohl das Nebeneinander und die Verbindung einer großen Anzahl von Verschwörungstheorien, als auch die mögliche Wirkungsweise einzelner Theorien zeigen also Eigenschaften, die sich mit Baudrillards Entwurf der Simulation decken. Diese Umstände lassen sich insbesondere im Internet hervorragend beobachten.[33] Hier kann meiner Meinung nach von der *Postmodernisierung von Verschwörungstheorien* gesprochen werden, die definitiv – noch zu zeigende – Auswirkungen auf die Inhalte von Verschwörungstheorien hat.

Es kann zwar mit Recht eingewendet werden, dass hier zum Teil nur allgemeine Merkmale und Auswirkungen eines Mediums untersucht wurden, die für andere (nicht-konspirationistische) Inhalte ebenso gelten. Aus den folgenden Analysen im Kontext von Jamesons Theorie wird sich jedoch klar eine Beziehung zwischen dem Medium und den konspirationistischen Inhalten ergeben, welche die hohe Popularität von Verschwörungstheorien im Internet erklärt.

3.4 DAS SPÄTKAPITALISTISCHE WELTSYSTEM ALS VERSCHWÖRUNGSZUSAMMENHANG

In der bisherigen Untersuchung sind zwei Merkmale des verschwörungstheoretischen Deutungsmusters bereits deutlich hervorgetreten, die Fredric Jameson (mit dem Konzept des »Pastiche« und der These vom Verlust der Historizität) als charakteristisch für den Postmodernismus ansieht: Erstens eine hochgradige Intertextualität, die sich in einer »Bricolage« von verschwörungstheoretischen Texten aus Themen und Ideen anderer Konspirationstheorien zeigt; zweitens ein oftmals »falscher« Sinn für Geschichte, der in Jamesons Theorie dem Verschwinden des kritischen Umgangs mit Geschichte entspricht. Viele Verschwörungstheorien versuchen historisierende Erklärungen zu geben, beachten dabei aber nicht die geschichtlichen Abläufe und Veränderungen, z.B. wenn Ereignisse der Gegenwart auf das Wirken eines Geheimbundes zurückgeführt werden, der (soweit allgemein bekannt) seit über 200 Jahren nicht mehr existiert (vgl. Quelle 1 und 10).

Es kann allerdings weitergehend gefragt werden, ob in Verschwörungstheorien unternommene Versuche einer historischen Gesamtbetrachtung nicht vielleicht eine spezifisch verzerrte Repräsentation des (spätkapitalistischen) Weltsystems darstellen: Statt es in seiner räumlichen Totalität abzubilden, wird Totalität lediglich auf der Ebene der Historisierung erzeugt. Nachfolgende Untersuchung wird diese Frage behandeln.

Für Jameson (1995) wird die soziale Totalität ständig unbewusst ausgedrückt und entsprechend kann sie – verzerrt und versteckt – in allen kulturellen Artefakten und Repräsentationen vorgefunden werden: »Es ist letztendlich immer die soziale Totalität selbst, welche eine Frage in der Repräsentation darstellt.« (S. 4)[34] So sieht er auch die Darstellung von Verschwörungen in konspirationistischen Texten als »Umweg«, das spätkapitalistische System zu begreifen:

> »The ›conspiratorial text‹, which, whatever other messages it emits or implies, may also be taken to constitute an unconscious, collective effort at trying to figure out where we are and what landscapes and forces confront us in a late twentieth century whose abominations are heightened by their concealment and their bureaucratic impersonality.« (Ebd.: S. 3)

Allgemein kann von solchen Repräsentationsversuchen festgestellt werden, dass sie ihren Gegenstand nur allegorisch ausdrücken.[35] Die Vermittlung über Allegorien ist notwendig, weil die soziale Totalität kein empirisches Objekt, keine konkret greifbare Tatsache ist, sondern ein in seinen Ausmaßen kaum begrenzbarer, kollektiver Prozess (vgl. ebd.: S. 45f.). »Dadurch gelingt der Allegorie fatalerweise ihr historischer Wiederauftritt in der postmodernen Ära.« (Ebd.: S. 4)[36] Umgekehrt betrachtet, werden in Verschwörungserzählungen also Individuen, konkrete Gruppen, Objekte und Ereignisse allegorisiert. Im Folgenden wird dargestellt, wie in Verschwörungstheorien die soziale Totalität des Spätkapitalismus thematisiert und repräsentiert wird. Zu diesen – im Allgemeinen allegorischen – Umwegen gehören die Darstellung des diffusen Netzwerks der Verschwörung selbst, die Art, in der Technologie narrativ mobilisiert wird, der Abschluss-Effekt (»closure effect«) und die Geschwindigkeit der Erzählung sowie die Kollektivierung von Verschwörern, Opfern und Verschwörungstheoretikern.

3.4.1 TECHNOLOGIE(N)

In den verschwörungstheoretischen Texten spielt für Jameson insbesondere die Thematisierung von Technologie eine entscheidende Rolle: Der Spätkapitalismus ist ohne Informations- und Kommunikationstechnik nicht denkbar, weshalb diese sich als »Kurzformel der Repräsentation« anbietet (1986: S. 80). Die neuere Technologie stellt in gewisser Weise die Verkörperung der postmodernen Situation dar, in welcher die Ausdehnung der Kultur die Natur ersetzt und so die Objekte der Umwelt in menschliche Zeichen, Mittel der Kommunikation, transformiert wurden:

> »Communicational and information technologies – the scientific machineries of reproduction rather than of production [...] – foreground and dramatize this transformation of the object-world like its material idea.« (Ders. 1995: S. 13)

Entsprechend lenkt Jameson (1999) sein Augenmerk auf die narrative Mobilisierung von Kommunikations- und Informationstechnologien in postmodernen Verschwörungserzählungen, welche er als »Hightech Paranoia« (S. 38) charakterisiert.[37] Die Darstellung von Technologie in solchen Erzählungen interpretiert er also als Form der indirekten Beschreibung des Weltsystems.[38]

Die Verwendung von Technologie kann in diesem Zusammenhang auf zweierlei Weise geschehen: Sie kann durch den Kontext der Erzählung symbolische Aussagekraft erhalten, oder durch die Funktionsweise technologischer Objekte werden die Erzählung und die Verschwörung hervorgebracht (vgl. ders.: S. 19). Ein fiktionales Beispiel für letzteren Fall liegt in Umberto Ecos Roman *»Das Foucaultsche Pendel«* vor: Hier entfaltet sich die Erzählung in großen Teilen dadurch, dass die Hauptfigur Casaubon am Computer Textdateien liest, welche das Tagebuch seines toten Freundes Belbo enthalten (vgl. auch McHale 1992: S. 182). Nichtfiktionale Beispiele lassen sich in Verschwörungstheorien finden, welche von den Überwachungs- und Kontrollmöglichkeiten der neueren Technologien ausgehen und diese mit einer Verschwörung verbinden. Ein Text beschreibt z.B. ausführlich das von IBM entwickelte System, Daten per Laser einzulesen, welches heute in den Scannerkassen fast jedes Supermarkts Verwendung findet. Dann geht der Text dazu über, dieses System als Bestandteil einer computergestützten, totalen Überwachung zu schildern, welche durch die Einführung von bargeldlosen Zahlsystemen von langer Hand vorbereitet wird und welche ihren Höhepunkt erreichen soll, wenn alle Menschen sich Mikrochips mit all ihren finanziellen und persönlichen Daten in die Hand einpflanzen lassen müssen. Diese Daten könnten dann überall ausgelesen werden:

> »That chip will include not only the person's identification number, Social Security number, name and birthplace, but also his criminal background, educational level financial worth in the community, and his political affiliations.« (Quelle 19)

Damit das beschriebene Kontrollsystem allumfassend sein kann, ist eine Vernetzung der Computer erforderlich und gleichzeitig ein zentraler Supercomputer, über welchen alle Daten zusammengeführt werden:

> »The central computer for America is in Texas, and the international computer that ties all the national central computers together is situated in Brussels, Belgium. The Brussels computer is housed in a 13 story building, the first three floors of which are occupied totally by this system's hardware. Because of its size. the Brussels computer is referred to affectionately as ›the Beast‹.« (Ebd.)

In diesem Beispiel generiert die Funktionsweise technologischer Objekte die Verschwörungserzählung. Es fällt auf, dass die Computertechnologie die eigentliche Hauptrolle spielt und die Verschwörer den gesamten Text hindurch relativ diffus bleiben (mal ist von Banken, mal von der Regierung und am Ende vom Antichristen die Rede). Gleichzeitig erhält der Supercompu-

ter in dem zuletzt zitierten Absatz durch den narrativen Kontext eine symbolische Aussagekraft: Er steht für das weltweite Kontrollsystem mit all seinen Elementen.
Das obige Beispiel ist nicht unbedingt typisch und verallgemeinerbar. Dies gilt eher für ein bereits erwähntes Merkmal von Konspirationserzählungen, welches als Beleg für die symbolische Nutzung von Technologie in der Erzählung gedeutet werden kann: die häufige Verdächtigung der Massenmedien in Verschwörungserzählungen. Medien werden grundsätzlich als unter der Kontrolle der globalen Verschwörung befindlich geschildert. Diese erzählerische Kontextualisierung als Instrument der Verschwörung und Sprachrohr der Verschwörer macht die betreffende Technologie zum Symbol der Konspiration, welche ihrerseits, wie gesagt, eine deplatzierte Repräsentation des globalen, kapitalistischen Netzwerks darstellt (vgl. auch McHale 1992: S. 178).

3.4.2 DER »ABSCHLUSS-EFFEKT«

Nach Jameson (1995) ist die allegorische Repräsentation des spätkapitalistischen Systems allerdings nicht auf die Darstellung von Technologie beschränkt. Neben letzterer untersucht er den »closure effect«, den »Abschluss-Effekt« postmoderner Erzählungen. Die von Jameson analysierten Erzählungen postmoderner (Film-) Texte zeigen nämlich keine (punktuelle) Abgeschlossenheit – d.h. eine klare Begrenzung der Erzählung, die Homogenität der Bedeutung und ein eindeutiges Ende, wie sie Kennzeichen moderner Werke sind, fehlen. Vielmehr kommt es eben zu einer Art »Abschluss-Effekt« durch die möglichst umfassende Andeutung der sozialen Totalität:

> »For the sense of closure here is the sign that somehow all the bases have been touched, and that the galactic dimensions and co-ordinates of the now global social totality have at least been sketched in.« (S. 31)

Es wird im Text also eine Vielzahl (z.B. räumlich) disparater Phänomene gestreift, was besagten Eindruck der Totalität erzeugt. In den hier untersuchten Verschwörungstheorien lässt sich eine äquivalente Strategie der Darstellung finden: Es ist üblich, eine Vielzahl zeitlich und räumlich auseinanderliegender Personen, Ereignisse, Organisationen usw. zu erwähnen und eine große Anzahl von Verbindungen zwischen diesen zu erklären oder anzudeuten. Oft geschieht dies in rapider Abfolge, was Fenster als »Geschwindigkeit« von Verschwörungserzählungen bezeichnet:

> »The dynamic, or what I will term the speed and velocity, of the conspiracy narrative – its tendency toward a spiraling and dazzling flow of information about a global array of people, institutions, and events.« (Fenster 1999: 107f.)

Mit anderen Worten, die in den Verschwörungstheorien geschaffenen bzw. angenommenen Netze von wirksamen Verbindungen sowie die Geschwindigkeit der Erzählung können als Analogien zu und Allegorien der Vernetzung und Geschwindigkeit (z.B. der Informationsübermittlung) des Weltsystems interpretiert werden. Durch diese Mittel wird bei dem Rezipienten von Verschwörungstheorien tendenziell das Gefühl generiert, die Verschwörung sei gleichzeitig (und jederzeit) überall – ein Eindruck der Totalität wird erzeugt. Als Beispiel sei »*An Illuminati Outline of History*« (Quelle 10) angeführt, eine chronologische Auflistung historischer Ereignisse mehrerer Jahrtausende, die konkrete Personen und Gruppen beschreibt, einige längere Ausführungen über Lee Harvey Oswald enthält und mit dem Jahr 1973 endet. Hier wird ein Zusammenhang zwischen den einzelnen Einträgen bestenfalls gelegentlich angedeutet und hauptsächlich durch die Überschrift erzeugt. Aber durch die Erwähnung von Ereignissen aus der ganzen Geschichte und aus allen Regionen der Erde wird eine historische und geographische Totalisierung erreicht, die der von Jameson angenommenen allegorischen Skizzierung der sozialen Totalität entspricht.
Ein ähnliches Dokument, ebenfalls in Form einer chronologischen Auflistung (von 1932–1975), aber wesentlich mehr Zusammenhänge beschreibend, ist »*A Skeleton Key to the Gemstone Files*« (Quelle 20). Angeblich soll das Dokument eine Kurzfassung der »*Gemstone Files*« von Bruce Roberts darstellen, eines 1000 Seiten umfassenden Werkes (das jedoch niemals veröffentlicht wurde). Hier wird, mit einer schwindelerregenden Fülle von Details, ein Zusammenhang zwischen Aristoteles Onassis (als Drahtzieher hinter den Kulissen des Weltgeschehens), dem organisierten Verbrechen, dem Tod von Howard Hughes und John F. Kennedy, Fidel Castro, Nixons Karriere, Watergate, dem Schweinebucht-Fiasko, der CIA und vielem mehr hergestellt. Eben dadurch lässt sich, als allegorische Bedeutung, die Totalität der globalen, spätkapitalistischen Verhältnisse erahnen.[39] Außerdem erhält das Dokument, durch die Form einer chronologischen Auflistung, ein offenes Ende – was eine Fortsetzung der Verschwörungsgeschehnisse bis in die Gegenwart (und

darüber hinaus) nahelegt (vgl. auch Fenster 1999: S. 120). Einem nahezu grenzenlosen Weltsystem, welches das physiologische Fassungsvermögen des individuellen Organismus überschreitet, wird somit eine (historisch) potentiell grenzenlos erweiterbare Erzählung entgegengesetzt (vgl. Jameson 1995: S. 16).

3.4.3 INDIVIDUUM UND KOLLEKTIV

In den bisherigen Darstellungen wurde die Position des Individuums in der Gesellschaft der Postmoderne vernachlässigt. Deshalb soll nun näher auf das Verhältnis von Individuum und Kollektiv in Verschwörungstheorien eingegangen werden. Die Attraktivität und Popularität von Verschwörungstheorien in der Postmoderne ergibt sich nach Jameson nämlich auch aus der Tatsache, dass das Verschwörungsmotiv die vereinte Darstellung eines kaum eingrenzbaren Netzwerks bei gleichzeitiger Erklärung seiner Unsichtbarkeit vollbringt, es vereint »mit anderen Worten: das Kollektive und das Epistemologische« (ebd.: S. 9).[40]

Die globale Vernetzung des Kapitalismus und der erkenntnismäßige Standpunkt des Individuums werden in Verschwörungstheorien miteinander verwoben und in Geschichten einzelner Personen dramatisiert, die eine riesige Verschwörung entdecken und bekämpfen. Jameson sieht das individuelle Subjekt und das verborgene kollektive Netz als inkommensurable Pole, die in der Verschwörungserzählung zusammengeführt werden. Bezogen auf das Medium Film führt Jameson aus, daß die Erzählungen im Allgemeinen über den Weg von Spiegelungen, von Geschwindigkeit und Rotation, konstruiert werde, so dass der Zuschauer nicht länger die konstitutiven Dimensionen unterscheiden könne (vgl. ebd. 33). Im Rahmen dieser narrativen Vereinigung der Pole werden die Charaktere und ihre Funktionen in fiktionalen Verschwörungstheorien kollektiviert, d.h. Individuelles wird zur Allegorie des Kollektiven. Nach Jameson kommt es so zu einer absoluten Kollektivierung der Figuren (vgl. ebd.: S. 34).

So sind die Opfer in den hier bisher behandelten Verschwörungstheorien analog oft bereits ein Kollektiv, z.B. eine Nation oder die ganze Menschheit. In Erzählungen, die sich mit konkreten, individuellen Opfern auseinandersetzen, werden diese oftmals sozusagen als Vorbereitungsmaßnahme der Verschwörer interpretiert in ihrem Vorhaben, jeden zu kontrollieren: So wird etwa behauptet, JFK (Jr.) wurde aus okkulten Gründen geopfert mit dem Ziel, die Macht der Verschwörer zu vergrößern, bevor die »Neue Weltordnung« jeden erfasst (vgl. Quelle 5). Eine ähnliche Theorie existiert im Zusammenhang mit dem Tod von Princess Diana (vgl. Quelle 18). Individuelle Schicksale verweisen in konspirationistischen Texten so auf die düstere Zukunft, die *allen* bevorsteht. Und auch die Verschwörer werden meist bereits als ein Kollektiv beschrieben, dessen Grenzen nicht klar bestimmt werden können. In einem Text, der ebenso das Thema »Dianas Tod« im Blickfeld hat, führt der Autor beispielsweise aus:

> »The world-wide secret government where intelligence agencies, big corporations, Royal Houses, powerful individuals, neo-Chivalraic Orders, and powerful secret societies merge into a blur.« (Quelle 16)

Und in einem anderen Dokument heißt es:

> »The Trilateral Commission controls through the CFR members the whole U.S. economy, politics, military, oil, energy and media lobbies. The members are chairmen of different companies, bankers, real estate agents, economists, scientists, lawyers, publishers, politicians, union leaders, presidents of Foundations and newspaper columnists.« (Quelle 1)

Statt Individuen zu benennen, werden Institutionen, Organisationen sowie Ämter und Berufsstände etc. personifiziert und als Verschwörer angeführt, wobei die Verschwörung selten eindeutig und klar begrenzt wird. Werden konkrete Namen genannt, bleiben sie meist mit undurchsichtigen Organisationen verbunden. Im Fall von *»A Skeleton Key to the Gemstone Files«* wird eine Unmenge von Personen benannt, die alle irgendwie in Beziehung zueinander stehen und sich durch verschwörerische »Arbeitsteilung« zu einer Form von Kollektiv vernetzen (vgl. Quelle 20).
Im Fall eines (fiktionalen) individuellen Verschwörungstheoretikers beobachtet Jameson (1995) eine allegorische Kollektivierung, indem die narrative Rolle des Charakters sich ständig verschiebt: mal funktioniert er in der Erzählung als Detektiv, welcher die Verschwörung aufdeckt, mal als Opfer, mal als Verschwörer selbst (vgl. S. 34). Der »wirkliche« Verschwörungstheoretiker befindet sich dagegen selten in einer derartigen Situation. Möglicherweise ist er »Detektiv« und potentielles Opfer zugleich, wenn er eine universale Verschwörung »aufdeckt«. Am ehesten können Verschwörungstheoretiker aber in einer ganz bestimmten, noch weiter gehenden Hinsicht *als Symbol*

für jedermann gelten: Ihre Position als Einzelgänger gegen eine grenzenlose Weltverschwörung repräsentiert den Standpunkt eines jeden Individuums im Spätkapitalismus.

Wie deutlich wurde, bezieht sich für Jameson letztlich also aller (Verschwörungs-)Sinn auf das die Kognitions- und Perzeptionsmöglichkeiten einzelner Individuen übersteigende Weltsystem. Dabei nimmt er in diesem Kontext eine symbolische/allegorische Kollektivierung in konspirationistischen Texten an, zu welcher, wie oben ausgeführt wurde, Entsprechungen in den hier untersuchten Verschwörungstheorien gefunden werden können. Betrachtet man jedoch den Konspirationismus im Internet genauer, so kann darüber hinaus gehend behauptet werden, dass der Gedanke der Kollektivierung, in Hinsicht auf die Verschwörungstheoretiker, wörtlich verstanden werden muss.

Das Internet ermöglicht den Verschwörungstheoretikern erstmals eine kollektive Anstrengung größeren Ausmaßes in der Aufdeckung von Verschwörung. Dafür lassen sich vielfältige Belege finden: Neben den bereits dargelegten Diskussionen um Verschwörungstheorien in Mailing-Listen und Newsgroups, gibt es zum Beispiel eine Web-Seite mit dem Namen »*World's Longest Conspiracy Theory*«, auf der eine Verschwörungstheorie ständig von einer Vielzahl Menschen (kollektiv) fortgeschrieben und ergänzt wird.[41] Jeder kann unter dem bisher beigetragenen Text seine eigenen Informationen und Beiträge hinzufügen.

Hier findet also eine viel radikalere Kollektivierung statt als die von Jameson festgestellte. In den bisher besprochenen Verschwörungstheorien waren Autor bzw. Erzähler implizit im jeweiligen Text enthalten. Oftmals erschien der Theoretiker zusätzlich ausdrücklich als Gegenstand des eigenen Textes. Im vorliegenden Beispiel von »*World's Longest Conspiracy Theory*« nun verschwinden der einzelne Autor und der einstimmige Erzähler, was sich unter anderem darin ausdrückt, dass die einzelnen Absätze (Beiträge) nicht durch Namen, E-Mail-Adresse oder ähnliche Identifikationsmerkmale gekennzeichnet sind. Statt dessen entsteht ein (der Möglichkeit nach) unbegrenztes und anonymes Kollektiv von Verschwörungstheoretikern, das gemeinsam einen (der Möglichkeit nach) unbegrenzt erweiterbaren Text produziert.[42]

Es lassen sich noch weitere Beispiele für die von mir behauptete Kollektivierung anführen. Auf einer verschwörungstheoretischen Web-Seite wird in der Einleitung des Textes etwa behauptet, dass ein Netzwerk von mehreren hundert Theoretikern Informationen zusammengetragen habe:

> »Many of the sources for these Files include a loose network of hundreds of researchers who have pooled their corroborative information and resources in order to put together the ›Grand Scenario‹ as it is outlined in the Files. Many of those within the research network prefer anonymity due to the nature of the revelations which they have collectively documented, and these names will be kept anonymous or will be replaced by initials or pseudonyms except in the cases where actual names are mentioned. Many of the researchers feel that the original sources are more important for the cause of documentation than is the need to know the names of those who through sacrifice and perseverance uncovered those sources. Throughout the Files the name ›Branton‹ appears in connection with editorial commentaries; this ›name‹ is a pseudonym for one or more researchers who will presently remain anonymous.« (Quelle 11)

Wie im vorigen Beispiel liegt hier – dem Text zufolge – ein anonymes Netzwerk vor. Die Auffächerung des Eigennamens »Branton« in eine unbekannte Anzahl von Personen stellt eine anschauliche Analogie der Ersetzung des einzelnen Theoretikers durch ein Kollektiv dar. Als letztes Beispiel sei noch ein Text angeführt, der automatisch jedem neuen Teilnehmer der *»Conspiracy Theory Research List«* (einer Mailing-Liste) zugeschickt wird. Hier wird sehr bewusst die kollektive Anstrengung der Konspirationisten als Ziel formuliert – und dem (ebenso kollektiven) Netzwerk der Verschwörer entgegengesetzt:

> »Hopefully CTRL [Conspiracy Theory Research List] can pull on the resources of the many to help us all understand and make use of that understanding to meet the future head on.
> I do believe that we have an elite that suppresses both history and science. I believe that we are in a time when all shall be made known, and I believe it behooves us to understand the methods of propaganda that are being used against our body politic. I believe that through our combined efforts, we can progress from a society in which an elite uses the shield of secrecy to abet their plans of darkness, into a new digital age which will breath new life into our Republic, transforming it into a free and open society where everyone has equal access to all information, the quintessential tap root of power.« (Quelle 21)

Es sollte anhand der theoretischen Ausführungen wie anhand der Beispiele somit nun deutlich geworden sein, wie in Verschwörungstheorien indirekt, über verschiedene Umwege, die soziale Totalität thematisiert und dargestellt wird. Zu diesen – im allgemeinen allegorischen – Umwegen gehören die

Darstellung des diffusen Netzwerks der Verschwörung selbst, die Art, in der Technologie narrativ mobilisiert wird, sowie der »closure effect« und die allegorische Kollektivierung von Verschwörern, Opfern und Verschwörungstheoretikern. Es wurde weiterhin demonstriert, dass eine faktische Kollektivierung von Verschwörungstheoretikern über das Internet realisiert wird. In dieser Kollektivierung liegt ein möglicher Grund für die beobachtbare, große Popularität von Verschwörungstheorien in den Computernetzen. Diesen Punkt werde ich im folgenden abschließenden Kapitel weiter ausführen, das daneben einige lose Enden der bisherigen Arbeit miteinander verknüpft und versucht, ein Gesamtbild des Phänomens Verschwörungstheorie zu entwerfen.

4 Interpretative Konsequenzen

4 Interpretative Konsequenzen

4.1 Zunächst: Eine Zusammenfassung

Die Analysen des vorhergehenden Kapitels haben aufgezeigt, dass das verschwörungstheoretische Deutungsmuster gewisse Merkmale mit Metanarrationen im Sinne Lyotards gemeinsam hat: Wie Metaerzählungen integrieren Verschwörungstheorien Geschichte, Gegenwart und Zukunft in einer übergreifenden, einheitlichen Interpretation. Sie können also, in Mark Fensters Worten, verstanden werden als »ein allumfassender Rahmen, der die Breite der modernen (und, in manchen Theorien, der vormodernen und altertümlichen) Geschichte und Politik beschreiben kann« (1999: S. 79).[43] Dieser alles umfassende Rahmen ermöglicht eine eindeutige Erklärung der disparaten historischen und gegenwärtigen Ereignisse und der vielfältigen sozialen Veränderungen. Weiterhin haben Konspirationstheorien und Metanarrationen inhaltlich die totalisierende Thematisierung großer Zusammenhänge gemeinsam. Die Verschwörungstheoretiker selbst stellen sich als Helden des Wissens und der Freiheit dar, welche die große Gefahr, die Verschwörung, aufdecken und bekämpfen. So verstanden, erscheinen Verschwörungstheorien als ein aus der Moderne übriggebliebenes Deutungsmuster – anachronistisch in einer (Lyotard zufolge) vom Unglauben gegenüber Metaerzählungen geprägten Postmoderne.

Weitere Untersuchungen unter Rekurs auf Zygmunt Baumans Theorien zur Postmoderne (und Moderne) erbrachten zunächst weitere Argumente für die Deutung des Konspirationismus als modernes Phänomen: Erstens wurde, Baumans Periodisierung folgend, die zeitliche Koinzidenz der Entstehung des Projekts der Moderne und des konspirationistischen Deutungsmusters festgestellt. Zweitens wurde argumentiert und illustriert, dass (einzeln betrachteten) in verschwörungstheoretischen Erklärungen Kontingenz und Ambivalenz verdrängt (»wegerklärt«) werden und der Eindeutigkeit und Notwendigkeit einer alles kontrollierenden Verschwörung der Vorzug gegeben wird. Drittens wurde die Verwendung binärer Oppositionen (wie Wir/Sie, Feind/Freund, Gut/Böse) in verschwörungstheoretischen Erzählungen angeführt, welche dem modernen Versuchen einer dualistischen Kategorisierung der Welt entspricht.

Aber Baumans Theorie eröffnet auch Argumente für eine andere, umgekehrte Lesart, welche die postmodernen Eigenschaften des Konspirationismus hervortreten lässt. Bei der Betrachtung verschwörungstheoretischen »Wissens« im Kontext der Moderne (und der modernistischen Haltung) wurde festgestellt, dass Konspirationstheorien als postmoderner Zweifel funktionieren können, als Subversion der dominanten Idee der *einen* Wahrheit und der durch sie legitimierten Machtverhältnisse. Die alternativen Erklärungen der Verschwörungstheorien lassen (soziale, epistemologische, existenzielle) Ambivalenzen hervortreten, wodurch die allgemein akzeptierte (dominante) Wahrheit einer Willkürlichkeit und Kontingenz verdächtig wird.

Folglich wurde der Konspirationismus als postmodernes Phänomen gelesen, das aber in der Postmoderne seinen Subversionscharakter verliert und ein Sinnangebot unter vielen in der nachmodernen Pluralität darstellt. Als ein solches wäre es bloßes »Rohmaterial« für den unter postmodernen Verhältnissen beobachtbaren Typus des expressiven Selbst, welcher sich unter anderem mit Hilfe vielfältiger Medien und Texte seine eigene Weltanschauung und Identität erzeugt. Entsprechend brachte die Analyse von Verschwörungstheorien im Internet eine große Variabilität der Verschwörungserzählungen zutage. Eine immense Kreativität bei der Erschaffung und Präsentation von individuellen Konspirationstheorien wurde aufgezeigt. Zudem wurde auf die aufwendige Gestaltung von umfangreichen Web-Seiten und »E-Zines« hingewiesen, die eine »Individualisierung« der Verschwörungstheorien signalisieren.

Der Aspekt ihrer primären Verbreitung über das Medium Internet wurde anschließend in Verbindung mit Baudrillards Simulationstheorie ausführlicher beleuchtet: Einzeln betrachtet, versucht jede Verschwörungstheorie eine verborgene Wahrheit festzustellen – ein Unterfangen, das jedoch unter den Bedingungen der Simulation zum Scheitern verurteilt ist, da sich Wahrheit nicht mehr diskursiv feststellen lässt. Statt dessen jagt in einem schwindelerregenden Interpretationsstrudel eine verschwörungstheoretische Deutung die andere, und alle – auch die sich gegenseitig widersprechenden – sind gleich wahr bzw. unwahr. Dieser Interpretationskreislauf kann nur willkürlich gestoppt werden.

In diesem Zusammenhang wurde ergänzend dargelegt, dass das Nebeneinander und die hypertextuelle Verbindung einer großen Anzahl von Verschwörungstheorien im Internet die oben skizzierten Verhältnisse der Simulationsära konkret verkörpern. In einer derartigen medialen Situation relativieren sich alle Verschwörungstheorien (insgesamt betrachtet) gegenseitig, jede Interpretation ist endlos umkehrbar und bereits vielfach umgekehrt – dies verdeutlicht die Unmöglichkeit, Ursachen, Wirkungen und Zusammenhänge

in der Simulation eindeutig zu fixieren und spiegelt die Widersinnigkeit einer eindeutig bestimmten diskursiven Position unter hyperrealen Bedingungen wider.
Weitergehend konnte im Licht dieser Ergebnisse der Schluss gezogen werden, dass in den vielfältigen Konspirationstheorien, welche auch als Theorien der Macht gelesen werden können, außerdem die Bezugslosigkeit der Macht reflektiert wird. Baudrillard definiert Macht als Beeinflussung und Veränderung von Referenten, welche allerdings in hyperrealen Verhältnissen sozusagen »abhanden gekommen« sind. Damit sind die Deutungsmöglichkeiten, welche Baudrillards Entwurf für den hier behandelten Untersuchungsgegenstand eröffnet, jedoch noch nicht erschöpft. Es wurde nämlich zudem dargestellt, wie Verschwörungstheorien als Simulationsmodelle wirken *können*, welche die Wirklichkeit verändern, erschaffen und ihr vorgelagert sind: Konspirationstheorien bieten einen Interpretationsrahmen, der nicht nur vergangene, sondern auch alle laufenden Ereignisse in zu deutende Zeichen verwandelt – Zeichen, die gewissermaßen immer schon im Voraus (für den Verschwörungstheoretiker) einen Bezug zur angenommenen Verschwörung haben. Zudem bringen Verschwörungstheorien insofern Wirklichkeit hervor, als auf ihrer Grundlage handelnde Menschen manchmal eine Gegenverschwörung starten.
Mit Baudrillards Ansatz konnte allerdings noch nicht befriedigend erklärt werden, warum Verschwörungstheorien gegenwärtig – vor allem im Internet – so populär sind. Hier erschien mir Fredric Jamesons Theorie zum Postmodernismus eine überzeugende Erklärung nahezulegen. Jameson zufolge ist der gegenwärtige, globalisierte Spätkapitalismus dadurch gekennzeichnet, dass er in seiner Totalität die natürlich und historisch entstandenen Kategorien der Wahrnehmung und des Denkens überfordert, da es sich bei dem neuen Weltsystem um einen in seinen Ausmaßen kaum begrenzbaren, sozialen, wirtschaftlichen und technologischen Prozess ungeheurer Komplexität handelt. Dennoch wird für Jameson die soziale Totalität in allen kulturellen Artefakten und Repräsentationen unbewusst ausgedrückt und kann darin in verzerrter Form vorgefunden werden.
In einer Übertragung von Jamesons Analyse verschwörungstheoretischer Filme auf die hier behandelten konspirationistischen (Internet-)Texte konnte gezeigt werden, dass ihre narrativen Elemente und Merkmale die Totalität des multinationalen Kapitalismus allegorisch, symbolisch und durch Analogien repräsentieren. Diese Funktion üben konkret die Darstellung eines diffusen Netzwerks der Verschwörung, die narrative Verwendung und Kontextualisie-

rung von Technologie, der »Abschluss-Effekt« und die allegorische Kollektivierung von Verschwörern, Opfern und den Verschwörungstheoretikern aus.

Die Kollektivierung kann, wie deutlich wurde, in Bezug auf die Verschwörungstheoretiker im Internet wörtlich verstanden werden. In Newsgroups, Mailing-Listen und auf Web-Seiten bilden sich (z.T. anonyme) Kollektive von Verschwörungstheoretikern, in denen viele Personen gemeinsam Konspirations(meta)erzählungen erschaffen.

4.2 EINIGE FOLGERUNGEN – REFLEXE DES OPERATIVEN, EXPRESSIVEN UND SPIELERISCHEN KONSPIRATIONISMUS

Bleiben wir zunächst bei Jameson. Dessen Urteil, bei Metanarrationen handele es sich nicht um Erzählungen, sondern um eschatologische Schemata (vgl. 1999: S. XI), läßt sich auch auf Weltverschwörungstheorien übertragen und gibt dadurch einen Hinweis auf die zum Teil vormodernen Ursprünge dieses Deutungsmusters. Es erklärt aber nicht nur – wie Eschatologien – die letzten Dinge, den verborgenen Sinn, hinter Geschichte und gegenwärtigen Ereignissen, sondern gibt oftmals auch einen apokalyptisch anmutenden Ausblick auf die Zukunft. Schon Richard Hofstadter (1999) hat Verschwörungstheorien ähnlich beurteilt, wenn er sie »eine weltliche und dämonische Version des Adventismus« nennt (S. 30).[44]

Diesen Aspekt der Säkularisierung religiöser Deutungen erwähnt auch Karl Popper (1994):

> »Die Verschwörungstheorie der Gesellschaft ist nur eine Variante des Theismus, eines Glaubens an Götter, deren Launen und Willen alles beherrscht. Sie kommt davon, daß man Gott aufgibt und dann die Frage stellt: ›Wer nimmt seinen Platz ein?‹ Sein Platz wird dann besetzt durch verschiedene mächtige Menschen und Gruppen – durch finstere Interessengruppen, denen dann unterstellt wird, daß sie die große Depression geplant haben, und alle Übel, an denen wir leiden.« (S. 179f.)

Das verschwörungstheoretische Deutungsmuster stellt Poppers Meinung nach also eine Mischung aus religiösem und aufgeklärtem Denken dar (vgl. ders. 1997: S. 495).[45] Diese Annahme wird meiner Meinung nach gestützt durch die Tatsache der Entstehung dieses Deutungsmusters zur Zeit der

Französischen Revolution. Damit aber ergibt sich die Frage: In welchem Verhältnis steht der Konspirationsismus zu seinem sozialen Kontext? Kann er als (post-)revolutionär oder als (anti-)reaktionär gelesen werden? Man kann Verschwörungstheorien, wie dargestellt, als Metanarrationen und damit als modernes Phänomen charakterisieren. Da die Funktion von metanarrativen Konspirationstheorien jedoch nicht in einer Legitimierung von Wissen und Institutionen liegt (wie bei den von Lyotard skizzierten Metaerzählungen), sondern, umgekehrt, im Anzweifeln ihrer Legitimität, wäre die Bezeichnung »Anti-Metanarration« allerdings vielleicht passender. Zudem können sie die Perspektive auf eine alternative Wahrheit eröffnen, die der dominanten Wahrheit und den mit dieser verbundenen Machtansprüchen entgegengesetzt ist.

Diese beiden Beobachtungen – im Anschluß an Lyotard und Bauman – offenbaren eine Verbindung von Verschwörungstheorien zur Ebene der Politik: Als »Anti-Metanarration« und als alternative Wahrheit können Verschwörungstheorien *als politische Gegenstrategie, als eine Art Gegendiskurs* interpretiert werden. Als Mangel dieser Gegenstrategie muss allerdings angesehen werden, dass sie nur in seltenen Fällen ausdrücklich eine positive Alternative zum »status quo« formuliert. Außerdem wird sie – so kann vermutet werden – sowohl als »Anti-Metanarration« als auch in ihrem Anspruch alternativer Wahrheit unter postmodernen Verhältnissen wirkungslos: Wenn Lyotard mit seiner Theorie nämlich Recht hat, dominiert die Legitimation durch Metaerzählungen nicht mehr länger, und die einheitliche, moderne Wahrheit ist nach Bauman durch eine postmoderne Pluralität von Wahrheiten, viele gleichberechtigte Erzählungen, abgelöst worden.

Andererseits: Es kann spekuliert werden, dass Konspirationstheorien gerade aufgrund ihres »modernen« Charakters gegenwärtig für viele so attraktiv wirken (die unter den postmodernen Verhältnissen leiden). Neben der komplexitätsreduzierenden Erklärung der Verhältnisse und der Benennung eines Feindes bieten Konspirationstheorien nämlich die Möglichkeit, die (angenommenen) Machtverhältnisse symbolisch anzugreifen, indem das Geheimnis der »realen« Machtverhältnisse offenbart wird.

Simmel (1993) hat nämlich festgestellt, dass durch den Besitz eines Geheimnisses eine soziale Ausnahmestellung (und damit Macht) erlangt wird und umgekehrt jede höhergestellte Persönlichkeit oder große Leistung »für den Durchschnitt der Menschen etwas Geheimnisvolles« darstellen (S. 319). Indem Verschwörungstheoretiker das (unterstellte oder wirkliche) Geheimnis der (vermeintlichen oder wirklichen) Verschwörer verraten, entziehen sie der (wahrgenommenen) Ausnahmestellung und Macht die Grundlage. Unter diesem Gesichtspunkt drückt sich in Verschwörungstheorien das Verlangen nach politischer und gesellschaftlicher Partizipation aus.

Die obigen Ausführungen, welche Verschwörungstheorien als zum Teil vormodern, modern und postmodern charakterisieren, stehen nur scheinbar im Widerspruch mit der Ausgangsthese dieser Arbeit, die Verschwörungstheorien als postmodernes Phänomen charakterisiert. Diese Gegensätze sind nur (moderne) Konstruktionen. Im Anschluss an Bauman (1992: S. 311) wird hier argumentiert, dass gerade die Koexistenz vormoderner, moderner und postmoderner Merkmale Verschwörungstheorien zu einer »typischen« Erscheinung der Postmoderne macht.

Wenn man allerdings innerhalb der Verschwörungstheorien eine Unterscheidung treffen will, so kann auf ihre Verbreitung über das Internet Bezug genommen werden. Hier konnten Hinweise auf eine expressiv-individualistische Nutzung des Konspirationismus gefunden werden, in welcher die postmoderne Ungewissheit und Ambivalenz durch selbsterschaffene, verschwörungstheoretische Weltbilder individuell entschärft werden. Gleichzeitig erarbeiten sich Individuen durch ihre Spezialisierung auf Konspirationismus einen Bezugspunkt für ihr Selbstbild – ihre Identität kann sich hier kristallisieren. Diese Erschaffung eigener Verschwörungstheorien, sei es aus Versatzstücken anderer Theorien oder aufgrund eigener Ideen, trägt zu einer Vervielfachung der im Umlauf befindlichen Verschwörungstheorien bei.[46]

Die skizzierte Verwendung und Schöpfung von Verschwörungstheorien weist auf den Typ des expressiven Selbst hin, welcher erst unter postmodernen Bedingungen möglich und dominant wird. Hier liegt also eine völlig anders motivierte Nutzung von Verschwörungstheorien als im operativen Konspirationsdenken vor. Es können dementsprechend mindestens *zwei verschiedene Typen des Konspirationismus* festgestellt werden: *der expressive und der operative.*

Ein dritter Typus wird aus den nachfolgenden Ausführungen hervortreten: Die in den Computernetzen feststellbare Vielfalt heterogener Konspirationstheorien ist einerseits symptomatisch für die »radikale postmoderne Pluralität« (Welsch 1987: S. 6), denn hier stehen die Konspirationserzählungen zahlloser individueller Theoretiker neben den Theorien populistischer, links- und rechtsextremer Gruppierungen, religiöser Fanatiker usw. Gleichzeitig verkörpern und verdeutlichen das Nebeneinander und die Verbindung der verschiedenen Theorien die Auswirkungen der postmodernen Hyperrealität. Wird nämlich

die Menge der zirkulierenden Verschwörungstheorien insgesamt betrachtet, tritt das im Medienkapitalismus problematisch gewordene Verhältnis zwischen Repräsentation und Wirklichkeit hervor, welches auch in einzelnen Verschwörungstheorien häufig durch die Verdächtigung der Massenmedien selbst oder der in ihnen präsentierten Wirklichkeit thematisiert wird.
Auch wenn die Unmöglichkeit einer bestimmten diskursiven Position (oder Wahrheit) in hyperrealen Verhältnissen durch die Anzahl der verschiedenen Theorien widergespiegelt wird, so könnte dem entgegengehalten werden, dass einzelne Verschwörungstheorien (für sich betrachtet) dennoch versuchen, eine solche Position in Anspruch zu nehmen. Dem würde ich zustimmen, jedoch lassen sich auch gegenteilig angelegte Verschwörungstheorien beobachten: Theorien, die darauf verzichten, eine Wahrheit zu verkünden und die nur – unter Einhaltung einer skeptischen, ironischen oder spielerischen Distanz – mit Möglichkeiten der Verschwörung spielen. Freyermuth (1998b) sieht dies als zwangsläufige Auswirkung der großen Menge nebeneinander stehender Verschwörungstheorien im Internet:

> »Jeder, der eine Weile im Cyberspace verbringt, muß seinen Kinderglauben verlieren, daß es ein einziges ›wahres‹ Abbildungsverhältnis zwischen Wirklichkeiten und ihren Repräsentationen gäbe. Die prägende Erfahrung in den Netzen ist der Entzug von der Sucht nach Sinn.« (S. 183f.)

In gewisser Weise kommt es also zu einem sich Abfinden mit den postmodernen Simulationsverhältnissen, was sich in einer ironischen und spielerischen Verwendung des verschwörungstheoretischen Deutungsmusters zeigt (vgl. ebd.; Fenster 1999: S. 199ff.).[47] Genau darin sehe ich einen *dritten Typus*, den ich eben als *»spielerisch«* bezeichnen möchte.
Die gegenseitige Relativierung unterschiedlicher Erklärungen und die Typen des expressiven und spielerischen Verschwörungsdenkens legen meines Erachtens auch nahe, dass die gegenwärtige Welle von Verschwörungstheorien nicht so gefährlich ist, wie es im zweiten Kapitel – angesichts des operativen Verschwörungsdenkens – als mögliche Gefahr aufschien. Andererseits können kaum allgemeingültige Aussagen ohne weitere Untersuchungen des Verhältnisses, welches Verschwörungstheoretiker zu ihren Theorien einnehmen, getroffen werden. Im Licht der bisherigen Ergebnisse möchte ich deshalb abschließend die Fragen diskutieren, warum das verschwörungstheoretische Deutungsmuster so breite Popularität erlangt hat und warum Verschwörungstheorien über das Internet besonders intensiv verbreitet werden.

Was die erste Frage angeht, mag die erwähnte Komplexitätsreduktion ein Faktor sein, der gegenwärtig zur »Konjunktur« von Verschwörungstheorien beiträgt. Ein anderer Faktor könnte in der inhaltlichen Anpassungsfähigkeit des Deutungsmusters liegen, die bei der Produktion von Verschwörungstheorien die Berücksichtigung jeweils aktueller Situationen ermöglicht. Wie Jameson (1995) feststellt, ermutigt die Struktur narrativer Darstellungen »ein Aufsaugen sämtlicher noch in der Luft liegenden Ideen und eine Phantasielösung für all die plötzlich aufkommenden Ängste, welche unser gegenwärtiges Vakuum füllen« (S. 4).[48]

Ein weiterer Grund für die Popularität von Verschwörungstheorien liegt darin, dass in ihnen versucht wird, die postmoderne, spätkapitalistische Situation in ihrer Totalität darzustellen und zu begreifen. Das konspirationistische Deutungsmuster entwirft über ideologische Grenzen (wie die Trennung von Wirtschaft, Politik, Geschichte und Technologie) hinweg ein Gesamtbild der gesellschaftlichen Verhältnisse, weshalb ihm unter den Repräsentationen eine besondere Position zukommt: »Die Verschwörungserzählung, mit anderen Worten, ist einer der wenigen sozialen symbolischen Versuche in der Gegenwartskultur, Totalität zu begegnen und zu repräsentieren.« (Fenster 1999: S. 116)[49] Obwohl Verschwörungserzählungen auf der wörtlichen Bedeutungsebene letztendlich als »untauglicher« (weil vereinfachender) Versuch der Darstellung des Weltsystems angesehen werden müssen (vgl. Jameson 1986: S. 81), können auf der allegorischen Bedeutungsebene interessante Lösungen des Problems gefunden werden, eine Repräsentation der Totalität des multinationalen Kapitalismus zu produzieren.

Im Hinblick auf die zweite Frage kann festgestellt werden, dass Verschwörungstheorien im Internet deswegen so populär sind, weil hier in mehrfacher Hinsicht eine Verschiebung vom Allegorischen bzw. Symbolischen zum Tatsächlichen stattfindet und das dem Konspirationismus zugrundeliegende Verlangen auf diese Weise weniger abstrakte und indirekte Formen annehmen kann. Wie ausgeführt, stellt in Verschwörungserzählungen die allegorische/-symbolische Kollektivierung der Verschwörungstheoretiker und die Einbindung von Informations- und Kommunikationstechnologie eine Methode dar, indirekt auf das Weltsystem hinzuweisen. Verschwörungstheoretiker im Internet setzen einem undefinierbaren Netzwerk der Verschwörung (welches für das Weltsystem steht) ein Netzwerk des Widerstands entgegen,[50] und dabei ist die technologische Vermittlung (der Verschwörungstheorie und der Kollektivierung) eine entscheidende Dimension: Das Internet nimmt unter den erwähnten Technologien insofern einen besonderen Platz ein, als dass sich hier viele der Merkmale der »dritten Stufe« des Kapitalismus verkörpert finden: z.B. die globalen Ausmaße, ein immenses, dezentriertes Netzwerk der Kommunikation und intensiver Informationsaustausch. Es kann also davon ausgegangen werden, dass auch und besonders im Fall des Internet das von Jameson so genannte »Erhabene« vorhanden ist, womit er den symbolischen Unterton neuerer Technologie meint, welcher entsteht, weil der Spätkapitalismus ohne »Hightech« nicht denkbar ist – die Technologie stellt somit einen symbolischen Verbindungspunkt zu der Totalität des Weltsystems dar. Bei manchen Repräsentationen der Postmoderne hat man das Gefühl, so Jameson, dass sie am globalen Kommunikationszusammenhang partizipieren. Sie generieren den Eindruck, dass »über Thematik und Inhalt hinaus der Text irgendwie das Netzwerk des Reproduktionsprozesses selbst anzapft« (Jameson 1986: S. 80).

Ich interpretiere die große Popularität von Verschwörungstheorien in den Computernetzen demgemäß als den Versuch, eine tatsächliche Teilnahme am Reproduktions- und Kommunikationszusammenhang des Weltsystems zu erreichen. Wie oben dargestellt, können Konspirationstheorien auch als durch das Verlangen nach Partizipation motiviert begriffen werden. Verschwörungstheoretiker suchen im Internet eine Möglichkeit, entsprechend dem Verlangen nach Partizipation zu handeln, welches der Formulierung von Verschwörungstheorien zugrunde liegt. Über die faktische (statt lediglich allegorische) Kollektivierung der Verschwörungstheoretiker und die Vermittlung der Konspirationserzählungen über die neue Technologie wird – über Repräsentationsversuche hinaus – also eine tatsächliche Teilnahme am Weltsystem gesucht. In diesem informationstechnologisch vernetzten System mischen sich, wie erläutert, vormoderne, moderne und postmoderne Elemente – und diese »Hybridität« gilt analog für den Konspirationismus, der in allen seinen Formen – ob operativ, expressiv oder spielerisch – (ein) Ausdruck dieses Systems ist.

ANHANG

A: Anmerkungen

ANMERKUNGEN:

1. Mit »Internet« meine ich eine Anzahl verschiedener Dienste und Angebote: Hauptsächlich das »World Wide Web« (auch mit »WWW« abgekürzt: ein weltweites, interaktives System vernetzter Dokumente), das »Usenet« (eine Ansammlung virtueller Foren, die bestimmten Themen gewidmet sind), sowie Newsletter (virtuelle Zeitungen, die an Abonnenten per E-Mail verschickt werden) und Mailing-Listen (E-Mail Diskussionslisten, die eine Anmeldung als Mitglied erfordern und bestimmten Themen gewidmet sind). Eine genauere Definition der ersten beiden Dienste erfolgt weiter unten.

2. Pipes versteht unter neue Technologien auch Fotokopierer und billige Rundfunksender.

3. Richard Hofstadter (1996) charakterisiert Verschwörungstheorien als pathologisch und paranoid. Dieter Groh (1992) sieht Verschwörungstheorien pauschal als sozial imaginär an.

4. Einerseits gibt es – wie schon deutlich wurde – immer wieder Verschwörungstheoretiker, die äußerst phantasievoll die unglaublichsten Behauptungen aufstellen und Pipes in obiger Fußnote erwähnte Unterscheidung zumindest nachvollziehbar machen. Andererseits glaube ich, dass es in anderen Fällen oft nicht möglich ist zu entwirren, wie weit sich (eventuell real vorhandene) Verschwörungen mit Verschwörungstheorien decken. Dies liegt sozusagen in der Natur der verschwörungstheoretischen Themen begründet: Es ist keine Seltenheit, dass im Bereiche der Geheimdienste und Geheimbünde wenig wirklich gesicherte Tatsachen bekannt sind. Zudem muss hinsichtlich der bekannt gemachten Fakten im Bereich der geheimdienstlichen Arbeit mit Falsch- und Desinformation gerechnet werden. Weiterhin sollte berücksichtigt werden, dass konspirationstheoretische Aussagen oft auf Informationen aus zweiter Hand (Massenmedien und insbesondere Literatur anderer Verschwörungstheoretiker) basieren, also lediglich über Vermittler bekannt sind, bei welchen wiederum nicht offensichtlich werden muss, ob ihre Darstellungen und Aussagen nicht vielleicht ideologisch, propagandistisch oder zum Zweck der Desinformation verfälscht wurden: »Die Verschwörungstheorie operiert also zwangsläufig in einer Grauzone zwischen Beweisen, Indizien, Vermutungen und purer Phantasie. Solange die Verschwörung nicht aufgeflogen oder ihre Nichtexistenz unzweifelhaft erwiesen ist [...], kann keine Verschwörungstheorie endgültig verifiziert oder falsifiziert werden.« (Herzinger 1996: 141)

5. Eigene Übersetzung.

6. Diese Begriffe und Definitionen gehen z.T. auf Daniel Pipes (1998: S. 43ff.) zurück.

7. Fast alle Verschwörungstheorien, mit denen ich in Kontakt gekommen bin, zeigen die Merk-

mafe einer dramatischen Geschichte, d.h. die verschiedensten Elemente werden durch einen Plot verbunden, also durch kausale Aufeinanderfolge, Charaktere und ihre Motivation, Bewegung auf ein Ziel hin, Hindernisse und Konflikte erklärt und bedeutsam (vgl. Fenster 1999: S. 108). Es gibt einige Ausnahmen, etwa die Aufdeckung einer Verschwörung im Rahmen einer wissenschaftlich erscheinenden Arbeit oder in Interviews mit Verschwörungstheoretikern.

8. In dieser Hinsicht deckt sich das zuerst angeführte Beispiel, durch den eher emotionalen Tonfall, nicht vollkommen mit der hier skizzierten Definition der gemäßigten Verschwörungstheorie.

9. Der Autor des obigen zweiten Beispiels listet in einem anderen Dokument, neben einer ganzen Palette von Geheimgesellschaften, unter anderem Microsoft, IBM, CNN, Reuters, die UN, die EU, die NATO, die WHO, die Harvard University, diverse Banken, Volvo, Fiat, den Staat Israel, Sony, die American Medical Association, praktisch alle politischen Parteien und Coca Cola als Deckorganisationen der Illuminaten auf (vgl. Quelle 4).

10. Idealtypen werden unter Absehen von den Zufälligkeiten spezieller Fälle und durch die Zusammenstellung und Hervorhebung der wichtigsten Merkmale (die in einem *konkreten* Fall nicht gemeinsam auftreten müssen) gebildet. So gelingt es, trotz der chaotischen Vielfalt verschwörungstheoretischer Erzählungen und individueller Verschwörungstheoretiker, Abstraktionen zu entwerfen, vor deren Hintergrund einzelne Konspirationstheorien dann analysiert werden können (vgl. Fuchs-Heinritz et al. 1994: S. 285).

11. Das Wort »Usenet« ist die Abkürzung für »Users Network«, ein Netz von Rechnern, die am Austausch von Artikeln in einem weltumspannenden, nach Themen (in sog, Newsgroups, siehe unten) gegliederten, öffentlichen Mitteilungssystem teilnehmen.

12. Eine »Newsgroup« ist ein Diskussionsforum im Usenet, das die Funktion eines virtuellen »Schwarzen Bretts« erfüllt. Benutzer können in bestehenden Newsgroups Nachrichten veröffentlichen und die Nachrichten anderer lesen sowie auf vorherige Beiträge antworten.

13. Eigene Übersetzung.

14. »Web-Site« bezeichnet eine Gruppe zusammenhängender Dokumente im »WWW«, die über eine Internet-Adresse, wie die in den unten aufgeführten Beispielen, erreichbar sind. Das »WWW« seinerseits ist ein interaktives Informationssystem, das den weltweiten Austausch von Daten und Dokumenten in digitaler Form ermöglicht. Die Dokumente sind hypertextuell (über sogenannte »Links« oder »Hyperlinks«) verbunden, d.h. von verschiedenen Textstellen aus können andere Dokumente aufgerufen werden, so dass beim Lesen nichtlineare »Textnetze«

für den Benutzer entstehen. Für Beispiele konspirationistischer Web-Seiten siehe Anhang C dieser Arbeit. Von den dort genannten Seiten kann man sich nahezu endlos auf andere konspirationistische Seiten weiterverzweigen. Besonders »http://www.conspiracy-net.com« sticht hervor, wo über 1000 Artikel und Dokumente zum Thema Verschwörung angeboten werden.

15. Jameson (1998) gibt folgende Synonyme für den Begriff »Spätkapitalismus« an: multinationaler Kapitalismus, Konsumkapitalismus, Gesellschaft des Spektakels oder Bildes, Medienkapitalismus, Weltsystem, Postmodernismus (vgl. S. XVIII). Einige dieser Synonyme werden im Folgenden verwendet.

16. Eigene Übersetzung.

17. Umberto Eco definiert Überinterpretation als eine übertriebene, unbegründete oder unwahrscheinliche Deutung von Texten, die mehrere Kriterien verletzt, welche die Interpretation durch den Leser begrenzen sollen. Unter besagte Kriterien fallen normative Regeln der Deutung (Beachtung logischer Grundsätze und Regeln, Sparsamkeit der Erklärung, Freiheit vom Widerspruch usw.), aber auch die konsensuell akzeptierten Lesarten einer Interpretationsgemeinschaft, d.h. einer Gemeinschaft von Lesern eines Textes, die bestimmte Deutungen bevorzugt und andere ablehnt (vgl. Eco 1994). Für Eco grenzt im Zusammenhang mit Texten die Textintention (intentio operis) – die Kohärenz eines zusammenhängenden Textes in einem vorgegebenen Bedeutungssystem (einer gegebenen Sprache) – noch zusätzlich die möglichen Interpretationen ein (vgl. ebd.: S. 71f.). Diese zusätzliche Eingrenzung entfällt im vorliegenden Fall, da Welt und Geschichte erst durch Interpretation zu einem kohärenten Text konstruiert werden.

18. Eigene Übersetzung.

19. Die Verschwörer können nur durch den Schutz des Geheimnisses ihre Pläne ausführen. Wird das Geheimnis offenbart, so werden auch die Pläne gefährdet. Einige ausführlichere Anmerkungen dazu finden sich weiter unten.

20. Pipes stellt insbesondere bei den Feinden der Revolution eine große Popularität von Verschwörungstheorien fest, denn jene »hatten große Mühe zu verstehen, was in Frankreich geschehen war« (ebd., S. 111). Weil die Dimension und neuartige Qualität der Ereignisse durch herkömmliche (nicht-aufklärerische) Deutungen nicht oder nur unbefriedigend erfasst werden konnte, boten sich Verschwörungstheorien als Erklärungen geradezu an.

21. Eigene Übersetzung.

22. Was nicht heißt, dass Verschwörungstheorien ihre oben skizzierten modernen Eigenschaften verlieren. Dazu in der Zusammenfassung dieses Abschnitts sowie unten mehr.

23. Der Ausdruck »Wahlverwandtschaft« in diesem Zusammenhang stammt von Rainer Winter und Roland Eckert (1990). Wie diese Autoren aufgezeigt haben, sind kulturelle Differenzierung und die Verbreitung verschiedener Medien miteinander verbunden. Insbesondere nach dem Zweiten Weltkrieg förderte die vermehrte Durchdringung des Alltags mit Medien und den durch sie verbreiteten Texten die Spezialisierungen der persönlichen Identität (z.B. im Sinne einer intensiven Orientierung an und Beschäftigung mit Medientexten) und die Bildung von Spezialkulturen (so z.B. die auf verschiedenen Musikrichtungen basierenden Jugendkulturen). Die, in solchem Ausmaß vorher noch nicht beobachtbare, Prägung und Strukturierung des Alltags durch Massenmedien ist sicher ein wichtiges Kennzeichen der Postmoderne. Diesen Aspekt berücksichtigen Jameson und Baudrillard (siehe unten) jedoch stärker als Lyotard und Bauman.

24. Schon ein oberflächlicher Blick in die Newsgroup »alt.conspiracy« oder auf einige der Web-Seiten mit Archiven konspirationistischer Texte wird meine Behauptung bestätigen(siehe Anhang C).

25. Haikus/Gedichte können z.B. unter den Adressen »http://members.fortunecity.com/almaqtul« und unter »http://homestead.deja.com/user.almaqtul/gallery1.html« (beide zuletzt angewählt am 7.7.2000) gefunden werden.

26. TSOG steht für »Tsarist Occupied Government«. Hier fällt es (wie so oft) schwer zu entscheiden, ob die Theorie ernst gemeint ist, denn es handelt in diesem Fall gleichzeitig um eine ausgeklügelte, eigene Verschwörungstheorie und eine Parodie auf die in rechten Kreisen verbreitete Idee des ZOG – das Akronym für »Zionist Occupied Government«.

27. Siehe hier auch die in Anhang C aufgelisteten Beispiele für Online-Magazine.

28. Die erwähnte Referenzlosigkeit zeigt sich auch darin, dass viele konspirationistische Texte sehr offensichtlich aus Bruchstücken und Themen anderer Verschwörungstheorien zusammengebastelt sind, was eine Form von Intertextualität (ein Verweis von Zeichen auf andere Zeichen) darstellt. Freyermuth (1998b) beobachtet in diesem Zusammenhang weitergehend: »Zudem erlaubt die Abspeicherung der Dokumente und Traktate im Internet jedermann, sie zu manipulieren. Die Leichtigkeit, mit der sich Digitalisiertes verändern läßt, fordert geradezu dazu auf, Worte und Bilder nach den eigenen Bedürfnissen umzumodeln. Unter solchen Umständen verweisen die Materialien zuverlässig auf nichts Drittes mehr und können als ›Beweis‹ allein für die eigenen Absichten dienen.« (S. 183) Außerdem führt die hypertextuelle Vernetzung

des Cyberspace sehr konkret eine Form der Referenzlosigkeit vor Augen: Ein Hyperlink kann aufgefasst werden als Zeichen, das als Signifikant auf weitere Signifikanten als Signifikat verweist, wobei es für die Fortsetzung dieser Verweisungskette theoretisch kein Ende geben muss.

29. Eigene Übersetzung.

30. Zum Beispiel stellt sich am Ende des Films »*The Parallax View*« heraus, dass der die Verschwörung bekämpfende Hauptcharakter in Wirklichkeit ein Instrument der Konspiration geworden ist (vgl. auch Jameson 1995: S. 60). Im Roman »*Illuminatus!*« müssen einige der Hauptpersonen in einer regelrechten »Hyperinterpretation« (Fenster 1999: S. 205) ständig die Deutung ihrer eigenen Rolle in mehreren Verschwörungen revidieren.

31. McHale (1992) führt in seiner Diskussion von Ecos Roman »*Das Foucaultsche Pendel*« einige historische Beispiele an, in denen Inhalte von Verschwörungstheorien zur entsprechenden Wirklichkeit wurden: »[...] Johann Valentine Andreae, who in the seventeenth century published his Rosicrucian ›manifestoes‹, inviting the real Rosicrucians [...] to contact him. The ontological side-effects of this invitation to communicate were startling: whether or not any such body as the Rosicrucians pre-dated Andreae‹s manifestoes, a Rosicrucian Brotherhood was certainly *called into being* in response to them [...] Later, it appears, the English Templars similarly ›projected‹ Masonism [...], just as the Jesuits, later still, ›projected‹ neo-Templarism [...] and Rachkovsky of the Tsarist secret police (the Okhrana) ›projected‹ the Franco-Russian Anti-Semitc league.« (S. 173f.)

32. Im Fall von Verschwörungstheorien könnte diese Dynamik als eine selbsterfüllende Prophezeiung definiert werden, ohne dass Simulation, die bei Baudrillard zudem mit einer Technologie der Reproduktion verbunden ist, dabei bemüht werden müsste. Dann würden hier zwei völlig verschiedene Phänomene vorliegen.

33. Die dortige Pluralität von verschwörungstheoretischen Erzählungen und Herstellung von Verknüpfungen wird – mit gewissen Einschränkungen – auch in verschiedenen Sammlungen oder Enzyklopädien von Verschwörungstheorien in Buchform erreicht. Beispiele hierfür sind »*Everything Is Under Control*« (1998) von Robert A. Wilson und Miriam J. Hill und »*Conspiracies, Cover-Ups and Crimes*« (1996) von Jonathan Vankin.

34. Eigene Übersetzung.

35. Der Begriff »Allegorie« stammt von dem griechischen Wort »allegoria«, welches »bildhafter Ausdruck« bedeutet. In Allegorien werden abstrakte Gedanken durch Personifikationen und andere Mittel konkretisiert dargestellt. »In der Regel ist die Allegorie eine Geschichte [...] mit

einer doppelten Bedeutung: eine primäre oder Oberflächen-Bedeutung; und eine sekundäre oder Unter-der-Oberfläche Bedeutung.« (Cuddon 1992: S. 22).

36. Eigene Übersetzung.

37. Die weite Verbreitung von Verschwörungstheorien ohne Hightech Elemente steht scheinbar in Widerspruch zu Jamesons Betonung von Technologie und »Hightech Paranoia«. Ich schließe mich in diesem Zusammenhang McHales Argument an: »Zusätzlich zu den spätkapitalistischen ›Hightech‹ Versionen von Verschwörung müssen wir hier die postmoderne Wiederbelebung von ›traditionellen‹ Verschwörungstheorien berücksichtigen.« (McHale 1992: S. 179 [eigene Übersetzung]) Es handelt sich dabei um Gruppen wie Illuminaten, Templer oder Freimaurer. Diese »traditionellen« – zu bestimmten historischen Zeitpunkten zum ersten Mal verdächtigten – Verschwörergruppen bilden nach McHale in der Postmoderne einen Pool von Topoi, der benutzt wird, um die soziale Totalität zu kartographieren (vgl. ebd.: S. 180).

38. Jameson bezieht sich in seinen Texten auf fiktionale Beispiele aus Film und Literatur. Ebenso behandelt der in der obigen Fußnote angeführte McHale in seinem Buch »*Constructing Postmodernism*« Verschwörungstheorien in der postmodernen Literatur. Wie zu Anfang des zweiten Kapitels argumentiert wurde, sind die Grenzen zwischen fiktionalen und nichtfiktionalen Verschwörungstheorien fließend, weshalb meines Erachtens viele von McHales und Jamesons Aussagen auch im vorliegenden Zusammenhang verwendet werden können.

39. Vielleicht ist signifikant, dass ein reicher Unternehmer Hauptverschwörer dieses Beispiels ist und die Aufdeckung der Verschwörung angeblich zustande kam, als Bruce Roberts versuchte, an einem multinationalen Konzern (der »Howard Hughes Corporation«) Rache zu nehmen, der eine Erfindung von Roberts gestohlen haben soll (vgl. Quelle 20). Damit liegt eine mehrfache direkte Verbindung zum Kapitalismus vor.

40. Eigene Übersetzung.

41. Die Seite findet sich unter der Adresse »http://www.ciagents.com/wlct.htm« (angewählt am 20.7.2000). Die Entwicklung einer Verschwörungstheorie aus vielen Beiträgen verschiedener Autoren, wie in diesem Beispiel, wird in den vorgenannten Newsgroups in den weitaus meisten Fällen durch sogenannte »flame wars« vereitelt. Unter »flames« versteht man »eine in ausfallender Weise vorgetragene persönliche Beleidigung oder Bloßstellung eines Netzteilnehmers durch einen anderen« (Bollmann et al. 1998: S. 41). Ein »flame war« ist eine längere Fortsetzung gegenseitiger Beleidigungen. In moderierten und in der Teilnehmerzahl begrenzten Mailing-Listen entstehen dagegen eher konstruktive Diskussionen.

42. Die hier anzutreffende ironische und distanzierte Schreibweise einiger Textstellen (einzelner Beiträge) tut dem keinen Abbruch.

43. Eigene Übersetzung.

44. Eigene Übersetzung.

45. Säkularisierte religiöse oder semi-religiöse Elemente fallen bei der Analyse von Verschwörungstheorien und -theoretikern wiederholt auf. So spielen »bekehrte« Verschwörer (z.B. ehemalige Freimaurer) nach Hofstadter (1999: S. 34ff.) eine wichtige Rolle, Konspirationstheorien Glaubwürdigkeit zu verleihen. Ein aktuelles Beispiel für solch einen »bekehrten« Verschwörungstheoretiker wäre etwa William Cooper, ein ehemaliger Mitarbeiter des amerikanischen Militärgeheimdienstes (vgl. Wilson/Hill 1998: S. 123f.). Daniel Pipes (1998: S. 47) und Dieter Groh (1996: S. 12) beschreiben beide das typische Bekehrungs- oder Erweckungserlebnis von Personen, die sich mit Verschwörungstheorien befassen und die über eine plötzliche »Erkenntnis«, dass es sich um die Wahrheit handeln muss, zu einer Art wahrem Gläubigen werden. Claus Leggewie (1996: S. 117) bezeichnet Verschwörungsdenken als »halbweltliche Version des christlichen Manichäismus«.

46. Bauman macht darauf aufmerksam, dass von niemandem sonst geteilte Annahmen und Sinnkonstruktionen nicht ausreichen, um das Gefühl der Kontingenz und Ambivalenz dauerhaft zu entschärfen. Deshalb wird der Anschluss an Gruppen ähnlich denkender Menschen gesucht. Auf die Idee des Selbstbildes übertragen, bedeutet dies, dass eine selbst gewählte und erarbeitete Identität die Bestätigung durch andere braucht. Hier liegt meines Erachtens eine mögliche Motivation dafür vor, dass Verschwörungstheorien in verschiedenen Formen und Medien in Umlauf gesetzt werden.

47. Ein einschlägiges Beispiel ist hier etwa eine konspirationistische Web-Seite, welche jedem Besucher die Möglichkeit bietet, eine eigene Verschwörungstheorie interaktiv zu entwerfen (vgl. Internet: http://www.cjnetworks.com/~cubsfan/conspiracy.html).

48. Eigene Übersetzung.

49. Eigene Übersetzung.

50. Die beschriebene Kollektivierung der Theoretiker in Computernetzen steht scheinbar im Widerspruch zu der zuvor festgestellten Variante expressiv benutzter Verschwörungstheorien. In der Tat erscheint mir die radikale Kollektivierung bis zur Anonymität und dem Verschwinden der Autoren mit der individualistischen Absicht der expressiven Verwendung von Verschwörungs-

theorien unvereinbar. Auch der Hinweis Baumans, dass individuelle Sinn- und Identitätskonstruktionen über das Bedürfnis nach Anerkennung zu dem Anschluss an Gruppen ähnlich denkender Menschen und somit zu einer Kollektivierung führen, erklärt nur die weniger radikalen Kollektivierungen bei denen der Autor nicht vollkommen »verschwindet«. Die radikaleren Formen der Kollektivierung und der expressive Konspirationismus existieren nebeneinander, und ihre Unvereinbarkeit kann hier nur konstatiert und mit Hilfe der hier verwendeten Theorien der Postmoderne nicht wirklich aufgelöst werden.

B: Quellenverzeichnis

QUELLENVERZEICHNIS:

Quelle 1: »An over-all Briefing« by Per Sewen
http://www.illuminati-news.com/illum_index3.htm

Quelle 2: »Something Weird« (Original: alt.conspiracy, 12.10.1999)
http://groups.google.com/groups?oi=djq&ic=1&selm=an_536072568

Quelle 3: »Did Hillary give Rudy cancer?« (alt.conspiracy, 20.5.2000)
http://groups.google.com/groups?oi=djq&ic=1&selm=an_625587014

Quelle 4: »Illuminati Frontgroups«
http://www.illuminati-news.com/front.htm

Quelle 5: »JFK, Jr., and the ›13‹-Line« (Original: alt.fan.rawilson, 8.1.2000)
http://groups.google.com/groups?hl=en&safe=off&ic=1&th=3fba4b26cafa8dc9,2

Quelle 6: »Luciferian secrets of the U.S.P.S.« (Original: alt.fan.rawilson, 24.12.1999)
http://groups.google.com/groups?oi=djq&ic=1&selm=an_564640306

Quelle 7: »New World Order«
http://www.conspiracy-net.com/archives/articles/conspiracy/nwo/CNCia036.txt

Quelle 8: »Re: Al Gore – Reagan Clone« (Original: alt.conspiracy, 20.5.2000)
nicht archiviert

Quelle 9: »media« (Original: alt.conspiracy, 6.6.2000)
http://groups.google.com/groups?oi=djq&ic=1&selm=an_631946881

Quelle 10: »An Illuminati Outline of History«
http://www.conspiracy-net.com/archives/articles/conspiracy/societies/CNCb0002.txt

Quelle 11: »Cosmic Conflict & the Da'ath Wars«
http://www.comp.glam.ac.uk/students/goshea/crim001.txt

Quelle 12: »WHO murdered Africa«
http://www.textfiles.com/conspiracy/africa.txt

Quelle 13: »Re: What is REALLY going on?« (Original: alt.conspiracy, 23.6.2000)
http://groups.google.com/groups?oi=djq&ic=1&selm=an_638219978

Quelle 14: »Re: TSOG Theology [was CLINTON KILLS AGAIN]« (Original: alt.conspiracy, 20.6.2000)
http://groups.google.com/groups?oi=djq&ic=1&selm=an_636845749

Quelle 15: »1963: Dallas. The Government Decides That Truth Doesn't Exist«
http://www.textfiles.com/conspiracy/oswald_l.wor

Quelle 16: »Diana: Loose Cannon Terminated by MI6.«
http://www.conspiracy-net.com/archives/articles/conspiracy/assassinations/CNCkd005.txt
Quelle 17: »Princess Diana is Still Alive«
http://www.conspiracy-net.com/archives/articles/conspiracy/assassinations/CNCkd008.txt
Quelle 18: »::: Princess Di -- The Horrible Truth! :::«
http://www.darkconspiracy.com/conspiracies/assassinations/diana/control.txt
Quelle 19: »To understand how 666 relates to this discussion…«
http://www.textfiles.com/conspiracy/666_ibm.txt
Quelle 20: »A Skeleton Key to the Gemstone Files«
http://home7.swipnet.se/~w-73388/text/gemfiles.html
Quelle 21: »Usage Guidelines for CTRL«
listserv@listserv.aol.com
Quelle 22: »I know what the NWO really is« (Original: alt.conspiracy, 23.5.2000)
http://groups.google.com/groups?oi=djq&ic=1&selm=an_626561732

Es wird keinerlei Gewähr übernommen, dass die Dokumente unter den angegebenen Adressen noch verfügbar/abrufbar sind. Eine PDF-Datei, die den Rohtext aller angeführten Dokumente enthält (also ohne eventuell integrierte Bilder, Tondateien etc.), kann jedoch abgerufen werden unter:

> http://www.edition-fatal.de/isbn3935147082-quellen.pdf

C: Internetressourcen

»WORLD WIDE WEB«-RESSOURCEN:

Conspire!
http://www.conspire.com
Disinfo
http://www.disinfo.com
The Konformist Magazine
http://www.konformist.com
Parascope
http://www.parascope.com
Blackops Conspiracy Page
http://gate.cruzio.com/~blackops/
Conspiracy-Net, Archiv konspirationistischer Artikel
http://www.conspiracy-net.com/
Paranoia – The Conspiracy Reader
http://members.aol.com/alhidell/paranoia/
Nexus Magazine
http://www.nexusmagazine.com
Steamshovel Press
http://www.steamshovelpress.com
Conspiracy Journal
http://members.tripod.com/~uforeview/index.html
Dark Conspiracy Page
http://www.darkconspiracy.com/
Conspiracy Nation
http://www.shout.net/~bigred/cn.html
World's Longest Conspiracy Theory
http://www.ciagents.com/wlct.htm
The Invasion is Over
http://www.labyrinth.net.au/~stanton/greys.html
Illuminati News
http://mercury.spaceports.com/~persewen/illum_index.htm
Conspiracy Central
http://www.conspiracy-central.com/
Conspiracy Haikus
http://members.fortunecity.com/almaqtul/
Dark Millennium
http://www.angelfire.com/wy/1000/index.html

Turn Left: Make Your Own Conspiracy Theory
http://www.cjnetworks.com/~cubsfan/conspiracy.html
Conspiracy Poetry
http://homestead.deja.com/user.almaqtul/gallery1.html

RESSOURCEN IM »USENET«:

alt.alien.visitors
alt.conspiracy
alt.illuminati
alt.assassination.jfk
alt.conspiracy.area51
alt.mindcontrol

MAILING-LISTEN UND NEWSLETTER:

SearchNet: Send »subscribe snetnews« in body of email to
<majordomo@world.std.com>
A-albionict: Send »subscribe prj« in body of email to
<majordomo@mail.msen.com>
Conspiracy Research: Send »subscribe ctrl [name]« in body of email to
<listserv@listserv.aol.com>
Agendas: Send »subscribe agendas [firstname] [lastname]« in body of email to
<listserv@maelstrom.stjohns.edu>
Conspiracy-net: Send email to
<conspiracy-net-subscribe@egroups.com>
Conspiracy Journal: Send email to
<conspiracyjournal-subscribe@listbot.com>
Surfing the Apocalypse: Send email to
<surfingtheapocalypse-subscribe@egroups.com>

D: Literaturverzeichnis

LITERATURVERZEICHNIS:

- Baudrillard, Jean (1978): *Agonie des Realen*. Berlin: Merve.
- Baudrillard, Jean (1993): *Symbolic Exchange and Death*. London: Sage Publications. [Original: 1976]
- Bauman, Zygmunt (1992): *Moderne und Ambivalenz – Das Ende der Eindeutigkeit*. Hamburg: Junius. [Original: 1991]
- Bauman, Zygmunt (1999): *Unbehagen in der Postmoderne*. Hamburg: Hamburger Edition. [Originalausgabe: 1997]
- Belton, Robert J. (Hg.) (1996): *Words of Art – The C List*. Internet: http://www.ouc.bc.ca/fina/glossary/c_list.html. [angewählt am 21.7.2000]
- Blask, Falko (1995): *Baudrillard zur Einführung*. Hamburg: Junius.
- Bollmann, Stefan/Heibach, Christiane (Hg.) (1998): *Kursbuch Internet – Anschlüsse an Wirtschaft und Politik, Wissenschaft und Kultur*. Reinbek bei Hamburg: Rowohlt.
- Bondanella, Peter (1997): *Interpretation, Overinterpretation, Paranoid Interpretation and Foucault's Pendulum*, S. 285–299. In: Rocco Capozzi (Hg.): *Reading Eco – An Anthology*. Bloomington/Indianapolis: Indiana University Press.
- Cuddon, J. A. (1992): *The Penguin Dictionary of Literary Terms and Literary Theory*. London: Penguin Books.
- Eco, Umberto (1992): *Das Foucaultsche Pendel*. München: Deutscher Taschenbuch Verlag. [Originalausgabe: 1988]
- Eco, Umberto (1994): *Zwischen Autor und Text – Interpretation und Überinterpretation*. München/Wien: Carl Hanser. [Original: 1992]
- Eco, Umberto, (1996): *Die Multiplizierung der Medien* [Original 1987]. In: Ders.: *Über Gott und die Welt – Essays und Glossen*. München: Deutscher Taschenbuch Verlag, S. 157–162.
- Featherstone, Mike (1990): *Auf dem Weg zu einer Soziologie der postmodernen Kultur*. In: Hans Haferkamp (Hg.): *Sozialstruktur und Kultur*. Frankfurt a. M.: Suhrkamp, S. 209–248.
- Fenster, Mark (1999): *Conspiracy Theories: Secrecy and Power in American Culture*. Minneapolis/London: University of Minnesota Press.
- Freyermuth, Gundolf S. (1998a): *Sie beobachten uns – Verschwörungstheorien blühen erst im Internet richtig auf*. In: *c't*. Heft 13, S. 74–79.
- Freyermuth, Gundolf S. (1998b): *Das Internetz der Verschwörer*. In: Stefan Bollmann/Christiane Heibach (Hg.): Kursbuch Internet. Reinbek bei Hamburg: Rowohlt, S. 170–185.

- Fuchs-Heinritz, Werner/Lautman, Rüdiger et al. (Hg.) (1994): *Lexikon zur Soziologie*. Opladen: Westdeutscher Verlag.
- Gibbins, John R./Reimer, Bo (1999): *The Politics of Postmodernity – An Introduction to Contemporary Politics and Culture*. London: Sage.
- Graig, Eric (1993): *Rush Limbaugh and the Social Construction of a Liberal Conspiracy Theory – Some Notes From the Field*. Internet: http://www.-cjnetworks.com/~cubsfan/rush/rush_paper.html. [zuletzt angewählt am 28.5.1999]
- Groh, Dieter (1992): *Die verschwörungstheoretische Versuchung oder: Why do bad things happen to good people?* In: Ders.: *Anthropologische Dimensionen der Geschichte*. Frankfurt am Main: Suhrkamp, S. 267–304.
- Groh, Dieter (1996): *Verschwörungen und kein Ende*. In: Karl Markus Michel/Tilman Spengler (Hg.): *Verschwörungstheorien*. Kursbuch, Vol. 124, Berlin: Rowohlt, S. 12–26.
- Herzinger, Richard (1996): *Kulturkonspirateure*. In: Karl Markus Michel/Tilman Spengler (Hg.): *Verschwörungstheorien*. Kursbuch, Vol. 124, Berlin: Rowohlt, S. 141–152.
- Hofstadter, Richard (1996): *The Paranoid Style in American Politics*. In: Ders.: *The Paranoid Style in American Politics and Other Essays*. Cambridge, Massachusetts: Harvard University Press, S. 3–40. [Originalausgabe: 1967]
- Homer, Sean (1998): *Fredric Jameson and the Limits of Postmodern Theory*. http://www.shef.ac.uk/uni/academic/N-Q/psysc/staff/sihomer/limits.html. [angewählt am 18.5. 2000]
- Jameson, Fredric (1986): *Postmoderne – Zur Logik der Kultur im Spätkapitalismus*. In: Andreas Huyssen/Klaus R. Scherpe (Hg.): *Postmoderne – Zeichen eines kulturellen Wandels*. Reinbek bei Hamburg: Rowohlt, S. 45–102.
- Jameson, Fredric (1995): *The Geopolitical Aesthetic – Cinema and Space in the World System*. Bloomington/Indianapolis: Indiana University Press. [Originalausgabe: 1992]
- Jameson, Fredric (1999): *Postmodernism, or, The Cultural Logic of Late Capitalism*. Durham: Duke University Press. [Original: 1991]
- Johnson, George (1995): *The Conspiracy That Never Ends*. In: *The New York Times* vom 30.4.1995 (Internetausgabe). Internet: http://www.santafe.edu/-~johnson/articles.paranoia.html. [zuletzt angewählt am 23.7.2000]
- Johnson, George (1996): *Pierre, Is That a Masonic Flag on the Moon?* In: *The New York Times* vom 24.11.1996 (Internetausgabe). Internet: http://-www.santafe.edu/~johnson/articles.conspiracy.html. [zuletzt angewählt am 23.7.2000]

- Kader, Soha Abdel, 1997: *The Conspiracy Theory*. In: *Middle East Times* vom 5.10 1997 (Internetausgabe). Internet: http://metimes.com/issue40/commu/-04womansview.htm. [zuletzt angewählt am 19.7.2000]
- Kellner, Douglas (1989): *Jean Baudrillard – From Marxism to Postmodernism and Beyond*. Cambridge: Polity Press.
- Leggewie, Claus (1996): *Fed up with the Feds – Neues über die amerikanische Paranoia*. In: Karl Markus Michel/Tilman Spengler (Hg.): *Verschwörungstheorien*. Kursbuch, Vol. 124. Berlin: Rowohlt., S. 115–128.
- Lyotard, Jean-François (1999): *Das postmoderne Wissen – Ein Bericht*. Wien: Edition Passagen.
- Massumi, Brian (1987): *Realer than Real – The Simulacrum According to Deleuze and Guattari*. Internet: http://www.anu.edu.au/HRC/first_and_last/works/-realer.htm. [zuletzt angewählt am 21.7.2000]
- McCabe, Colin (1995): *Preface*. In: Fredric Jameson: *The Geopolitical Aesthetic*. Bloomington/Indianapolis: Indiana University Press. S. IX–XVI. [Originalausgabe: 1992]
- McHale, Brian (1992): *Constructing Postmodernism*. London/New York: Routledge.
- Melley, Timothy (1999): *Conspiracy and the Populist Imagination*. In: *Electronic Book Review*, Vol. 10. Internet: http://www.altx.com/ebr/reviews/rev10/-r10mel.htm. [zuletzt angewählt am 22.7.2000]
- Melley, Timothy (2000): *Empire of Conspiracy – The Culture of Paranoia in Postwar America*. Ithaca/London: Cornell University Press.
- Michel, Karl Markus/Spengler, Tilman (Hg.) (1996): *Verschwörungstheorien*. Kursbuch, Vol. 124. Berlin: Rowohlt.
- Ousby, Ian (Hg.) (1995): *The Cambridge Guide to Literature in English*. Cambridge: Cambridge University Press. [Original: 1993]
- Pipes, Daniel (1998): *Verschwörung – Faszination und Macht des Geheimen*. München: Gerling Akademie Verlag. [Original: 1997]
- Popper, Karl (1994): *Versuch einer rationalen Theorie der Tradition*. In: Ders.: *Vermutungen und Widerlegungen*. Band 1, Tübingen: J. C. B. Mohr, S.175–197. [Originalausgabe: 1963]
- Popper, Karl, 1994: *Prognose und Prophetie in den Sozialwissenschaften*, In: Ders.: *Vermutungen und Widerlegungen*. Band 1, Tübingen: J. C. B. Mohr, S.487–503. [Originalausgabe: 1963]
- Rosen, James (1997): *What's Behind the Obsession with Conspiracies*. In: *The News & Observer* vom 17.8.1997. Internet: http://www.news-observer.-com/daily/1997/08/17/qq00.html. [zuletzt angewählt am 28.5.1999]

- Rötzer, Florian (1998): *Alles eine Verschwörung*. In: *Telepolis* vom 7.12.98. Internet: http://www.heise.de/tp/deutsch/inhalt/buch/2555/1.html. [zuletzt angewählt am 15.6.1999]
- Sasson, Theodore (1995): *African American Conspiracy Theories and the Social Construction of Crime*. In: *Sociological Inquiry*, Vol. 65, No. 3/4, S. 265–285.
- Shea, Robert/Wilson, Robert A. (1984): *The Illuminatus! Trilogy*. New York: Dell Publishing Group. [Originalausgabe: 1975]
- Simmel, Georg (1993): Das Geheimnis – Eine sozialpsychologische Skizze. In: Otthein Rammstedt (Hg.): *Georg Simmel – Gesamtausgabe*. Frankfurt a. M.: Suhrkamp. Band 8, S. 317–323.
- Smith, Dennis (1999): *Zygmunt Bauman – Prophet of Postmodernity*. Cambridge: Polity Press.
- Sokal, Alan/Brickmont, Jean (1999): *Eleganter Unsinn – Wie die Denker der Postmoderne die Wissenschaften mißbrauchen*. München: C. H. Beck. [Originalausgabe: 1998]
- Vankin, Jonathan (1996): *Conspiracies, Cover-ups and Crimes*. Lilburn: IllumiNet Press.
- Welsch, Wolfgang (1987): *Unsere postmoderne Moderne*. Weinheim: VCH/Acta humaniora.
- Wiemker, Markus (1998): *Trust no Reality – Eine soziologische Analyse der X-Files*. Berlin: Wissenschaftlicher Verlag Berlin.
- Wilson, Robert A./Hill, Miriam J. (1998): *Everything Is Under Control – Conspiracies, Cults, and Cover-ups*. New York: HarperCollins Publishers.
- Winter, Rainer/Eckert, Roland (1990): *Mediengeschichte und kulturelle Differenzierung – Zur Entstehung und Funktion von Wahlverwandtschaften*. Opladen: Leske + Budrich.
- Winter, Rainer (1995): *Der produktive Zuschauer – Medienaneignung als kultureller und ästhetischer Prozeß*. München: Quintessenz.

Trennstriche, die am Zeilenende von Angaben zu Internet-Adressen stehen, dürfen nicht mit eingegeben werden.

CD-Edition

Alle Bücher von »edition fatal« sind auch als PDF-Dateien auf CD erhältlich. Damit wird es für Sie möglich:

- Im Volltext nach Namen und Begriffen zu suchen
- Eigene Anmerkungen zum Text hinzuzufügen
- Text zu kopieren und beispielsweise (als Zitat) in Ihre Textverarbeitung zu übernehmen
- beliebige Seiten im DIN A4-Format auszudrucken

Auch dieser Band ist als Buch-CD erhältlich. Als Besitzer des gedruckten Buches können sie die CD zum halben Preis beziehen! Füllen Sie dazu einfach das Formular auf der Rückseite aus und senden Sie es an »edition fatal«.

Online-Bibliothek

Darüber hinaus können alle bei uns veröffentlichten Bände auch »online« über unsere Online-Bibliothek – kostenlos! – abgerufen und gelesen werden. Und auch hier ist eine Volltextsuche möglich. Allerdings können Sie, anders als bei den Buch-CDs, keine Anmerkungen zum Text hinzufügen, Zitate übernehmen oder Seiten ausdrucken.

>> www.edition-fatal.de

BESTELLUNG

An:
»edition fatal« Verlagsgesellschaft
Edelweiss-Str. 9
81541 München

Name: ....

Vorname: ....

Strasse: ....

....

PLZ und Ort: ....

Hiermit bestelle ich folgenden Titel als Buch-CD im PDF-Format (erfordert Adobe Acrobat-Reader ab Version 3.0 sowie HTML-Browser) zum Vorzugspreis für Buchbesitzer:

Marc Lutter: *Sie kontrollieren alles!*

Preis: 50% des empfohlenen Ladenpreises (derzeit: 9,00 Euro), zuzüglich Versandkosten.

Datum:

Unterschrift: ....

Anil K. Jain: Politik in der (Post-)Moderne

Reflexive-deflexive Modernisierung und die Diffusion des Politischen

»Die Politik steht vor einer Wand. Es sind die Zäune, die sie sich selbst, zu ihrem Schutz, aufgestellt hat. Sie mauert sich ein, immer höher, ringsherum, zieht ihre Gräben. Immer enger wird dadurch der Raum, der beschritten werden kann, immer mehr Platz nehmen die Mauern und die Gräben ein, immer beschränkter wird die Sicht, während man sorgsam darauf bedacht ist, dieses schwindsüchtige Territorium zu verteidigen. Doch von unten her wird rastlos, beständig gegraben, und das bringt die Mauern zum Wanken. Auch von der Seite her werden die Grenzzäune eingedrückt und die Gräben zugeschüttet ...«

Es handelt sich oben um den Versuch einer Verbildlichung der aktuellen Dilemmata der Politik, die der vorliegende Band in den verschiedenen gesellschaftlichen Feldern (Wirtschaft, Rechtssystem, Wissenschaft/Technik, Medien/Öffentlichkeit, Kultur und Sozialstruktur) aufzeigt und untersucht. Die Analyse bleibt dabei jedoch nicht stehen: Die Problematik der Politik, die immer mehr zu fragmentisieren und »unscharf« zu werden droht, wird in einen allgemeinen Problemkontext gestellt: Die »Bewegung« der Moderne wird als ein in sich ambivalenter, Angst-getriebener Prozeß betrachtet, der zwischen »reflexiven« und »deflexiven« Momenten schwankt. Um diese Dialektik spiegeln zu können, wird versucht, Ansätze der Theorie reflexiver Modernisierung mit Elementen der Kritischen Theorie und des Poststrukturalismus zu einer neuen, kritisch-dialektischen Sichtweise zu verbinden.

>> online lesen/Infos unter: www.edition-fatal.de/isbn3935147007.html

Daten zum Buch:

Originalausgabe, München 2000

680 Seiten (mit umfangreichem Literaturanhang)

14 Tabellen und 13 Abbildungen

Buch: ISBN 3-935147-00-7
CD: ISBN 3-935147-01-5

Empfohlener Verkaufspreis: 35,00 Euro

edition fatal

Hans-Martin Schönherr-Mann:

Das Mosaik des Verstehens – Skizzen zu einer negativen Hermeneutik

Heißt Verstehen Auslegen? Wenn ich etwas verstehe, verstehe ich es immer als etwas Anderes. Verstehe ich dann überhaupt das, was mir die Andere sagt? Ja, aber nicht als das, was sie mir sagt. Verstehe ich sie besser, wenn sie mich berührt? Welche Mißverständnisse hat es dabei nicht schon gegeben! Beruht Verstehen folglich auf dem Nichtverstehen? Dann wird die Hermeneutik negativ, ob im schwingenden Sagen bei Heidegger oder in Wittgensteins Sprachspiel, in der adornischen Unfähigkeit des Begriffs, sein Anliegen auszudrücken. Ist das Nichtverstehen eine schreckliche Erfahrung der Unzugänglichkeit der Welt? Doch wenn ich die Andere mißverstehe, muß ich vorsichtiger mit ihr sein, bin ich für sie verantwortlich, ohne ihr irgend etwas vorschreiben zu können. Muß ich die Andere lieben, um sie zu verstehen?

Noch ist dem Menschen lange nicht klar, wie unzulänglich seine Fähigkeiten sind. Mißverstehe ich mich gar selbst oder bin Ich eine Andere? Dergleichen Ungereimtheiten sind nicht zu verleugnen und nicht zu überspielen. Muß man sie genießen oder darf man sie erleiden? Solche verwirrende Schwäche des Ichs könnte sich letztlich als Stärke der Reflexion aufführen. Ist dann das Nichtverstehen modern und gar nicht postmodern?

In prägnenten, aphorismusartigen »Mosaikstücken« werden hier – alltagsnah illustriert – die wesentlichen Grundzüge einer »negativen«, d.h. auf Differenz und Nichtverstehen gegründeten Hermeneutik skizziert.

>> online lesen/Infos unter: www.edition-fatal.de/isbn3935147023.html

Daten zum Buch:

Originalausgabe, München 2001, 112 Seiten

Buch: ISBN 3-935147-02-3
CD: ISBN 3-935147-03-1

Empfohlener Verkaufspreis: 9,00 Euro